精品集萃丛书 · 梦想系列

# 想是点石成金的魔法

《中学生博览》杂志社 选编

时代文艺出版社

图书在版编目（CIP）数据

梦想是点石成金的魔法 / 《中学生博览》杂志社选编. -- 长春 : 时代文艺出版社, 2021.6
（青春美文精品集萃丛书. 梦想系列）
ISBN 978-7-5387-6707-0

Ⅰ. ①梦… Ⅱ. ①中… Ⅲ. ①作文－中小学－选集 Ⅳ. ①H194.5

中国版本图书馆CIP数据核字(2021)第083855号

梦想是点石成金的魔法
MENGXIANG SHI DIANSHICHENGJIN DE MOFA
《中学生博览》杂志社　选编

出 品 人：陈　琛
责任编辑：刘瑀婷
助理编辑：史　航
装帧设计：孙　利
排版制作：隋淑凤

出版发行：时代文艺出版社
地　　址：长春市福祉大路5788号　龙腾国际大厦A座15层（130118）
电　　话：0431-81629751（总编办）　0431-81629755（发行部）
网　　址：weibo.com/tlapress（官方微博）　sdwycbsgf.tmall.com（天猫旗舰店）
开　　本：880mm × 1230mm　1/32
字　　数：135千字
印　　张：7
印　　刷：三河市嵩川印刷有限公司
版　　次：2021年6月第1版
印　　次：2021年6月第1次印刷
定　　价：36.00元

# 编　委　会

# Contents
# 目 录

## 一眼万年



## 点石成金

## 集邮册里的小秘密

## 时间去哪了



## 我的心事你来猜

# 一眼万年

# 谁也没有怪过樊小桃

陈小艾

## 1

其实林晨阳跟着班主任走进教室的时候，樊小桃一眼就认出了他。坐在第一排的她甚至注意到他浅蓝色裤子膝盖处的几个油点。

正在上早读的大家安静下来，林晨阳有些紧张，做了简短的自我介绍，被班主任安排到最后一排靠近垃圾箱的空位子上。他拿着书包走过樊小桃身边的时候，她轻声说了声“嗨”，但显然他并没听到。

樊小桃第一次见到他已经是挺久以前的事情了。樊爸爸有一家很大的公司，在距离公司大楼不远的路口有不少摆摊的小商贩，林晨阳的妈妈便是其中一个。

第一次吃林妈妈做的炸鸡是因为有天放学樊小桃去公司等爸爸带她去吃肯德基的全家桶，但一直等到晚上快八点爸爸还没回来。饿着肚子的樊小桃想买点吃的，可是已经那么晚了，很多商贩已经收工。林妈妈见小桃过去便停下来，她娴熟地支起锅，添了些新油进去，就是这个动作温暖了樊小桃。

林妈妈说起话来眼睛弯弯的，“乖，你看起来也就跟我儿子一般大，早点回家，别让爸妈担心。”

从那以后，小桃每次经过都会留意一下林妈妈的炸鸡摊，一般她的生意都很忙，从一旁经过只能看到她低着头给顾客做炸鸡，她脖颈上戴着一根细细的银色项链，在阳光下闪闪发光。

直到有一天，她看到一个跟自己年纪相仿的男生出现在林妈妈身旁，人多的时候他就过去帮忙，人少的时候便在一旁的小桌子上写作业。

樊小桃偷偷想，那应该就是林妈妈的儿子了，那个时候她还不知道他叫林晨阳。

## 2

后来有一次小桃路过的时候，帮男生捡起了被风吹走的作业本，看到扉页上用方正有力的楷体写着“林晨阳”。

当时小桃心想这名字真好听，林妈妈一定是希望儿子能像早上的太阳一样朝气蓬勃。不像自己，爸爸忙着赚钱，甚至给自己取个名字都很随意，就因为她从小一直戴到大的那个桃木手链，便取名小桃。

小桃从小便没见过妈妈，爷爷奶奶以及从小到大家里请来照顾她的多位阿姨都对此闭口不谈。后来她便也懒得问了，身边的每个人都很疼爱她，只是她偶尔也会想念妈妈，这种感觉在她每次见到林妈妈疼爱地望着一旁的儿子的时候更为强烈。

所以，在林妈妈那里买完东西，她对自己的那几句小心叮嘱，小桃都会开心地觉得好像是收到了来自妈妈的爱。

小桃爸爸公司承接了市里一个大项目，而为了配合市里创建文明城市，则必须要整治公司附近的市容，其中很重要的一项便是驱逐路口那群小商贩。樊爸爸经商十几年，拿下过拆迁工程中最牛的“钉子户”。所以这个，也根本不在话下。

他在办公室跟下属商量怎么让这群小商贩离开那个路口时，小桃在门外听到了一切。她哭着推开门请求爸爸不要这么做时，被爸爸大声呵斥：“小桃，你不要不懂事，这里没你什么事儿，给我出去！”那是爸爸第一次对她发那么大的火，她哭着跑出了公司大楼。小桃路过发林妈妈的摊子时，看到有不少顾客，她便默默地排了很长时间队，轮到她时她有些哽咽地说：“阿姨，我要两个炸鸡腿。”林妈妈动作娴熟地给她炸完，关切地问：“怎么了？心情不好？”她吸了吸鼻子，没头没脑地问了句：“阿姨，以后我还能吃你做的炸鸡腿吗？”“傻孩子，阿姨还没问过你叫什么名字呢，看你挺眼熟的，爸妈在附近上班？”

“阿姨，我叫小桃。”樊小桃泪光莹莹地望着林妈妈。

小桃接过炸鸡腿，刚走出去没多久，就听到身后林妈妈跟人理论起来。林妈妈被人推倒在地，木箱子里的东西撒落一地，撕扯中她脖子上的项链被扯断，她像是丢失了什么重要的东西，借着昏黄的路灯，趴在地上找了好久，依然没有找到，最后颓然地坐在地上。

目睹了这一切的小桃终究没有冲上去，她不知道究竟是为什么，可能觉得没脸，也可能怕被林妈妈识破身份，因为她总觉得以后一定还有机会再见到她和她儿子，她甚至有些期待能跟林晨阳成为好朋友。

直到看到荒忙赶来的林晨阳，她才默默走开。

## 3

从那以后小桃每次经过那个路口再也见不到那些摆摊的小商贩们了，那个路口干净又整洁，可是却冷冷清清的，总像是缺了什么东西一样。

她有时也会想，那些背负着全家生计的人们，去了哪里呢？他们是否又寻到了一个生意还不错的新地方呢？

后来一次偶然，在路口附近的花丛里，小桃捡到了一条银色项链，她几乎可以断定那就是林妈妈的。她拿着断掉的项链，跑去让人修好，用一个精致的天鹅绒的盒子装好，望着街上川流不息的行人才意识到，她除了知道林晨阳的名字，对他们家一无所知。

每次看到卖炸鸡的路边摊，觉得身形像林妈妈的，她都会凑上去看一看，但一直没再遇到，直到林晨阳以转学生的身份进入小桃的班级。小桃的学校在城东，清远中学的名头在当地响当当，而小桃所在的初三一班更是高手如云，她仍记得当时爸爸四处托关系才把她送进这里，班主任喜笑颜开地把她放在第一排的座位上。

在这个人人自危的重点班里，似乎没人注意到林晨阳的到来，除了小桃这样的“闲人”。课间的时候教室里很安静，没有打闹的同学，除了几个出去上洗手间的同学。大家都在座位上做没写完的作业、研究没明白的习题。

小桃蹑手蹑脚地走到最后一排，轻轻拍了一下林晨阳的肩膀，把那个小巧的天鹅绒的首饰盒递上去，眨巴了下眼睛，轻声说：“我捡到的，帮我拿给阿姨。”男生小心翼翼地打开盒子，看到项链的那一刻眉宇间绽放出抑制不住的喜悦，像要说感激的话，小桃把食指比在嘴前，示意他不要说话，便轻轻转身走回了自己的座位上。

中午放学后，小桃一直在座位上慢吞吞地收拾东西，林晨阳过来有些羞涩地说："那个，谢谢你啊，我还不知道你叫什么名字呢？你认识我妈妈吗？"

小桃抿抿嘴，"我叫樊小桃，以前经常在阿姨那里买东西，后来在阿姨以前摆摊的地方捡了这条项链，我记得阿姨戴过它。"她几句话便扫清了林晨阳心头的困惑。

"原来是这样啊，我妈妈已经很久不在那里摆摊了，我们现在又换了个新地方，这条项链是我爸当年送她的信物，后来我陪她找过几次，以为再也找不到了。谢谢你啊，我请你吃饭吧。"男生漆黑的眸子里满是真诚。

樊小桃想拒绝，但最终把到嘴边的话咽了下去。

他带她到学校东门外的一家麻辣烫店里，热情地让小桃选菜，小桃从没来过这种地方，迷茫地无从下手。林晨阳给她选了满满的一大碗，自己那一碗则不是太满。两人吃得大汗淋漓，小桃从没吃过这么好吃的小吃。从小到大，身边的人对她千叮咛万嘱咐，这个不卫生，那个太脏。

结账的时候林晨阳递上去一张皱巴巴的二十元的人民币，小桃捏了捏口袋里的百元大钞想了想没有递上去。

樊小桃和林晨阳成了好朋友，两人经常在一块讨论功课。林妈妈靠林晨阳在学校当政教主任的姑父的面子，在离校门不到一百米的地方有了一个小小的固定摊位，因为附近有不少学生经过，生意日渐兴隆起来。

小桃经常买林妈妈的炸鸡，每次林妈妈不要钱她都一定执意把钱塞给她。小桃没有刻意提起以前在城北那个路口经常买林妈妈炸鸡的事情，她有私心，她不想让他们知道自己其实是赶走他们的大老板的女儿。

她只想跟林晨阳做好朋友，吃林妈妈做的炸鸡，甚至跟林晨阳分享着来自林妈妈的爱。

## 4

中考在即，初三的学习生活拥挤而忙碌。林晨阳聪明又努力，转学来没多久便已稳居年级前三名。而樊小桃也开始耐下心来记那些冗杂的数学公式，认真背诵拗口的古文，成绩由原来重点班里的中下游进步并稳定在班里前二十名。

从小到大，小桃的心思似乎从来不在学习上，因为她知道她那个无所不能的老爸一定会把她送到想去的学校。只是后来遇上了林晨阳，他永远眼神干净，她开始反思自己过去的十几年，想老老实实凭自己考进一个不错的高中去。

只是谁也没想到这种安静的日子会被打破。离中考还有一个月的时候，学校里发生了一起不大不小的食物中毒事件。午饭后不久，学校有不少学生出现了严重腹泻的情况，而这些同学有一个共性便是中午都买了林妈妈的炸鸡。巧的是，那天中午林晨阳给小桃讲一道数学题，两人随便吃了点面包充饥。

中毒学生家长把矛头指向林妈妈的时候，小桃毫不犹豫地站了出来，理由是自己中午也吃了炸鸡一点事儿没有，大家食物中毒可能另有原因。

她的辩解很快被大家推翻，因为不少学生亲眼见过她中午只吃了面包。好在抢救及时中毒的学生都没什么大碍，在医院里打点滴便回来继续上课了。

医院诊断的结果是，林妈妈的鸡肉由于天热的原因变了质，才导致大家食物中毒。原本不少家长咄咄逼人非要她赔偿几倍的医药费，最后看她能力实在有限才作罢。林妈妈买了水果挨家挨户上门道歉，并承诺以后再也不在学校附近摆摊卖炸鸡了。

林妈妈又走了。樊小桃忽然很难过，如果当初不是爸爸执意要赶走她，她也许还在城北的那个路口好好待着。

## 5

中考最后一天下午忽然下起大雨，天立马黑沉沉的，大雨倾盆而下，没多久校门口的水便没过脚踝。

爸爸答应过要来接小桃，而林晨阳则焦急等待妈妈的到来。小桃一直磨磨蹭蹭，任爸爸在门外再三催促她也不想上车，她不愿让林晨阳看到自己坐到那辆身价不菲的车子上。

小桃坐在副驾驶上，车子经过时溅起一地的泥水正好喷在了一旁的电动三轮车上，小桃看到林妈妈的背上以及林晨阳白色衬衣的左肩上满是泥点。爸爸摇下车窗说抱歉，林晨阳就这么看到了车上的樊小桃。

樊小桃像个做了错事的孩子，用眼神跟林晨阳示意了一下，一旁并不知情的爸爸开着车走了。林晨阳复杂的眼神里盛满了千言万语。

中考后樊小桃等到一个还不错的成绩，而林晨阳则依旧站在红榜最高处傲视群雄。樊爸爸设宴庆祝，前来道贺的亲朋好友坐了满满八桌。大家说着近乎千篇一律的赞扬的话，什么“天之骄女”啦，“樊家骄傲”啦，小桃站在一旁，默不作声，她忽然很渴望一双真诚的眼睛，像林晨阳，像林妈妈。

在那个漫长的暑假，有好几次小桃都很想约林晨阳出来跟他好好道个歉，替她爸，也为自己。可是，她最终没有勇气再联系林晨阳。林妈妈不在学校附近摆摊了，小桃也不知道他们家在哪儿。

她写了一封很长很长的信，希望开学两人能相遇在同一所高中，把信交给他，希望他能原谅十四岁的樊小桃，她只是想要一个朋友，一个妈妈。

而林晨阳，则随妈妈辗转到城西一个农贸市场摆摊，起早贪黑，生意一般，整个暑假下来他变得又黑又瘦。他没去找樊小桃，可能是出于十几岁的男生那种奇怪的自尊心，也可能是因为别的，但他和妈妈从来没有怪过樊小桃。因为他们都知道，小桃每次跟他们在一起时开心的样子和眼睛里亮晶晶的光，是不会骗人的。

# 总会有人喜欢你

zzy 阿狸

星期二的晚上，林小阮正在家里头准备明天秋游要带的东西——“毛巾、矿泉水、雨伞都带了，还有什么呢？”林小阮坐在床上正在自言自语的时候，她老爸捧着一堆零食进了她的卧室，笑眯眯地说：“小阮明天要去秋游，老爸特意给你买了很多零食呢。”林小阮的眼里闪着光芒，可一会儿又暗了下去：“可我已经很胖了。”她老爸赶紧说：“女孩子可不能饿着，体重什么的都是浮云，对吧？”林小阮赶紧下床心安理得地去迎接她的老爸，不对，是迎接这堆零食。

看着鼓鼓的背包，给老爸道了谢和晚安后，林小阮心满意足地睡着了。

第二天的秋游其实有点儿无聊，因为每年都是参观完抗战英雄故居后，再去一个小公园自由活动一会儿就完事了。一路上林小阮心里都是对零食的渴望，因为老师明确规定参观过程不能吃东西，所以到达离小公园还有好一些路的停车点后，林小阮不顾烈日当空，立马飞奔去小公园，然后在草地上占领一位置，把鼓鼓的背包拉开，准备大吃一顿。还没喘气，她已经咬了一口鸡腿，一脸享受地说："真好吃。"

同班的莫小莉和李小华刚好坐在一旁，林小阮一边吃着鸡腿一边递上一只小蛋糕给莫小莉，很高兴地说："莫小莉，请你吃小蛋糕。"莫小莉伸出手刚想说谢谢的时候，李小华却挡下她的手，很大声地说："莫小莉，吃了这些东西最后都会变成脂肪的。你看看林小阮，你想变成她这个样子吗？"说完，还一脸嫌弃地把林小阮从头到脚打量了一下，林小阮嘴里塞着鸡腿，却再也咬不下去了。李小华继续补充："你看，她竟然带了这么多零食来。"此刻，林小阮羞愧得想要找个地缝钻进去，可她又忍不住骂自己笨，哪有这么大的地缝啊。

"你们两个在这里嘲笑林小阮有意思吗？"林小阮不敢抬起头，但能分辨出这是副班长徐小峰的声音。莫小莉和李小华听到徐小峰的训斥后悻悻地跑开了。徐小峰在林小阮的旁边坐了下来，林小阮像没事发生一样，努力挤出一个笑容说："谢谢你，徐小峰。""其实我觉得你不是很胖啊，多吃点儿东西有什么不好？"看着林小阮好像还有点儿不高兴，徐小峰拿起那一只小蛋糕说："这种小蛋糕特好吃，你就请我吃好啦。”说完，他吃了一口，学着林小阮的腔调说：“真好吃。”林小阮扑哧一下笑了起来。

休息了一个小时后，得赶回停车点乘车回学校。林小阮冲着没带雨伞的许力就去了，由于身材有点儿胖，她跑起来很吃力。跑到了许力身边后，她涨红着脸，递给许力一把雨伞，强忍着喘气，尽量温柔地说：“许力，借你我的雨伞，现在太阳很大，别晒着。”许力说：“那你呢？”林小阮笑着说：“我可以找朋友一块儿回去啊。”然后许力有点儿不好意思地说：“那就谢谢你了。”林小阮低着头，然后小跑到一女同学的伞下，一同走回去，却没看见徐小峰欲言又止地站在草地上打着雨伞。孤零零地站着。

可能那天的天气太热了，不然林小阮的脸怎么会一直很红，很红。

但又是怎么了，让徐小峰的心一直很难受，很难受。

那天晚上，有两个人失眠了。

林小阮爬起床，从抽屉里拿出一个贴有偷拍许力的照片的笔记本，闭着眼睛把秋游的事细细回忆一遍又一遍后，用最娟秀的字体在“我为许力做的事”一栏后面写：借雨伞。然后小心翼翼地在“许力对我笑的次数”一栏写了一横，刚好又是一个正字。

原来不知不觉，“我为许力做的事”已经有了好几页，“许力对我笑的次数”的“正”字已经够五十个了。但是要做多少件事，许力才会明白自己的小心思，又要写多少个正字，才能让许力记住自己的笑呢。想到这，林小阮陷入了深度失眠。

期末考试结束的那天晚上，全班同学一起唱卡拉OK。林小阮那天在家里头把自己收拾了很久，还潜进老妈的房里化了个美美的妆，直接导致她迟到了。一推开门，刚好迎上了许力的眼神，林小阮一脸羞涩地低下了头。

唱了一会儿，大伙玩起了真心话大冒险。全班同学分成了三组，各自围成一个圈儿。用转啤酒瓶的方式来抽人。林小阮刚好和许力在一组，也是这个时候，她才发现徐小峰没有来，不过管他呢，许力在场就已经够了。两三回合后，啤酒瓶稳稳地指向了许力，一位男同学一脸坏笑地问：“真心话还是大冒险？”许力耸耸肩说：“真心话吧。”然后也不知道是谁问许力喜欢女孩儿的标准是什么，林小阮的心里咯噔一下，想听却又不敢听，肉肉的掌心里全是汗。

林小阮低着头，装作不在乎却又巴不得把耳朵都竖起来。许力在许多人的起哄中笑笑说：“人品好，善良呗。”林小阮在心里头对号入座，还好都符合了。另一个男生接着问：“那你喜欢胖胖的吗？就像林小阮这样的！”忽然间所有的目光都聚焦在林小阮身上，林小阮的脸立马红得像熟透的西红柿一样。小心翼翼，敛声屏气，甚至连许力的呼吸声林小阮也能感受得到。“胖的我可养不起。但林小阮这种小胖妞还是很适合当好朋友的。”下一秒全场爆笑起来，林小阮的心突然像被掏空一样，几乎喘不过气来。她抬起头，一边大笑一边说：“对，我们很适合做好朋友。”

做好朋友多好啊。可以一起吃雪糕，一起吃巧克力，一起吃彩虹糖，还可以一起吃很多很多好吃的。

“笨蛋！人家都说你是个小胖妞了，怎么心里头还满满的都是吃。”林小阮在心里头狠狠地骂自己。

大家笑了很久，很久，却没有人留意到笑得最大声的林小阮，笑着笑着就哭了，哭花了她恨不得把脸贴镜子上画了一个小时的眼影，哭花了她小心翼翼地涂了一遍又一遍的腮红，哭花了她藏在心里头那份小心翼翼却无比卑微的喜欢。

原来所有的努力只是白忙活一场，原来小胖妞只适合做好朋友。

那天晚上林小阮跌跌撞撞回到了家。刚一打开门，老爸刚好站了起来，哭得妆都花了的林小阮扑进了老爸的怀里，闭着眼睛问：“老爸，我这么胖的女孩儿，是不是不会有人喜欢？”老爸像小时候照顾她一样，轻轻地拍着她的背说：“谁说的呀，不是还有我喜欢你吗？”

林小阮的眼泪再次决堤：“可我已经很努力了。”

可能猜到了林小阮的心思，老爸一脸认真地对她说：“无论你是怎样的，记住，总会有人喜欢你，就像我那么那么喜欢你一样。”林小阮抹了抹眼泪问：“真的吗？”老爸勾勾她的鼻子，笑笑说：“真的。”林小阮突然觉得心里头有什么地方很温暖，很温暖。

晚上躺在床上，林小阮翻来覆去还是觉得有点儿不甘心，决定要减肥。期末考后刚好有很长的暑假，林小阮制订了详细的减肥计划：每天早上六点起床，只喝一瓶纯牛奶，吃一个鸡蛋，然后绕着小区跑了三圈；中午吃饭前使劲地喝水，饱得只能吃两口饭；下午雄赳赳气昂昂地来到公园绕公园跑好几圈；饿了回家使劲儿喝水，晚饭坚决饭前喝水，也只吃两口饭；做一会儿运动就睡觉。

开始的第一天还好，第二天也不错，林小阮有气无力地告诉自己：“坚持了头三天就是好样的！”第三天还过得去，就是偷吃了一只饼干。第四天跑完公园后林小阮已经受不了，第五天头昏眼花地来到公园跑步，可刚跑完第一圈，林小阮由于实在没劲儿了，没站稳直接扑倒在草地上。林小阮头也没抬就哭了起来，才发现自己几乎连哭的力气都没有了。“为什么！为什么我非得这样折磨自己，瘦就真的很好看吗？！为什么全世界都看不起我这个小胖妞！”

“谁说的呀？”

忽然一只手把她拉了起来，徐小峰轻轻地拨开林小阮脸上沾着的草，小心翼翼地用纸巾给她擦干眼泪，然后递给她一块巧克力，“小胖妞，吃一块巧克力吧。我跑了好几家超市才买到的。”林小阮听到这个称呼后又想哭了，“连你也这样称呼我！”但林小阮还是一脸懊悔地摆摆手，抢过巧克力，边吃边愤愤地说：“要是吃东西能够减肥，我一天都能瘦好几十斤。”徐小峰哈哈地笑了起来。

林小阮才注意到徐小峰鼓鼓的肚子，好奇地问：“你吃撑了来散步？”徐小峰一脸鄙视地看着林小阮，摇摇头说：“我可是在增肥好不好？”然后他清了清嗓子，一脸正经地说：“期末考试完了后，我就特意去请教我那个当医生的二叔怎样增肥。现在我已经有详细的计划了。每天我会吃五顿，因为少食多餐是个不错的办法。鸡肉、牛奶、鸡蛋、鱼肉、奶油、巧克力之类的，我已经吩咐我妈多买点儿了。然后我还得要每天做运动，每天做俯卧撑做到极限，还有……”

“你干吗增肥？”林小阮忍不住打断徐小峰的话，“做个胖子每天给别人笑话，吃一点儿就体重猛增，再努力别人也不会把你放心上。有什么意思？”徐小峰放弃了介绍他伟大的增肥计划，挠挠头，有点儿羞涩地说：“因为你瘦不下来，所以我干脆和你一块儿胖好了。”

林小阮还没明白这话是什么意思，继续追问：“为什么你要和我一块儿胖啊？”徐小峰的脸唰的一下红了，低着头，用很蹩脚的广东话说：“因为我中意你啊。我不介意你有点儿胖，不介意你每天背着一书包的零食上学，也不介意你秋游一下车就啃鸡腿。因为我迟早也会变成这样子，到时你就可以叫我小胖子了。放心好啦，我不会再让你一个人孤孤单单地啃鸡腿。”

徐小峰说完一大堆后，瞧见林小阮瞠目结舌的傻样，摇了摇头，然后一脸真诚地说：“待我体重一百三十斤，姑娘做我女朋友可好？”

前一秒还瞠目结舌的林小阮眼泪哗的一下流了下来。

林小阮忽然想起了那天晚上，老爸一脸认真地给她说：“无论你是怎样的，记住，总会有人喜欢你，就像我那么那么喜欢你一样。”

“真的吗？”

“真的！”

# 云中谁寄锦书来

蓝格子

## 1

“南子，你女朋友的信。”强子将一沓署名姜染的信甩到我的桌子上，随即挨着我坐下。“看地址好像也是本市的呢？你们没有考虑见面吗？”我一边将信小心地叠好放入书包里，一边搪塞着他的问题。

“嗯……没有时间。”

听完后强子一脸无趣地走开还带着一丝鄙夷，临走时小声甩下一句话，“如果是恐龙看你怎么办！”

姜染是我交往了三个月的女友，虽然我不知道这是不是她的真名。听上去有些可笑，我们素未谋面连照片也没有一张，却无比相信缘分。所以这也是强子一直觉得搞笑的地方。他实在不懂两个人怎么可以只凭借书信传递感情。我也只能说他是真的不懂，因为他没有遇见那个人。

姜染喜欢叫我阿南。她说这两个字并在一起有糖果的味道，虽然不知道这是什么比喻，但听着她的声音一遍遍喊着“阿南”，我好像也感受到了其中的甜蜜。

这是个会让人感觉到温暖的小女生。

## 2

冬日的操场连大地都泛着冷气，可最近却多了一个人影，一个体重明显超标的女生，围着操场一圈一圈地跑着好像没有疲倦。大口喘着气，挥舞着双臂，画面看上去有些可笑。

强子用手指指她撇了撇嘴，我自然明白他的意思。谁会无缘无故喜欢上一个胖女孩儿呢？更何况是一个不自量力想要改变的胖子。

不知怎么，我突然有些惆怅。

我向强子道别后便先行离开了操场，回头时那个女生还在跑着，脚步明显慢了一些。夕阳镀在影子的光辉上，她整个人的影子拉长了一些，好像好看了一些。

真是傻瓜，以为改变就会有人喜欢吗？

回家时登上QQ，姜染的头像还是黑色的，不知怎么看见她我突然有些安心，即使不在身边。

我想象过姜染的模样，或许是个聪明伶俐的短发女生，又或者是个长发及腰的小淑女。不论怎么样，她在我的印象中都是美好的。可是今天碰见的女生却让我有些害怕，如果姜染和我想象得差太多，或者说她不够美好甚至于有些丑陋我又该怎么办。

姜染的信安静地趴在书包里。

厚厚的一沓总是爱碎碎念，有时是天气，有时是朋友，像每个青春期的少女一样活泼而好动，每一个字眼都透出写信者的认真。我甚至可以想象她趴在桌子上咬着笔头的可怜模样，可惜我不能想象出那一张脸。

突然觉得有些悲哀。

## 3

强子打来电话的时候已经是周末的中午，他约我出去打球。

经过一家精品店的时候正巧碰见那个胖女生。她拿着红色的蝴蝶结在头上试着，来回不停地摆弄寻找着最好的角度。我总觉得红色是有些老气的，可不知怎么，戴在那个女生的头上竟衬出白皙的皮肤，也多了一份这个年龄该有的俏皮。

“看什么呢？”强子用手拱了拱我，顺着目光看过去又不怀好意地对我笑了笑。

“听说那个女生都有男朋友呢！”我不知道这是怎样的形容词，也不知道那个女生有没有听见强子刻意放大的诋毁。

我没有接话，走到旁边拿了一个相同的蝴蝶结去付账。好像有一个女生的影子出现在面前，笑靥如花。

“你买这个干吗？”

“给姜染。”

“这么大声干吗？”

我明显感觉到女生的身影顿了顿。

打球的时候强子还在喋喋不休关于那个女生的一切。

如想象中的一样。不美好、自闭、过度肥胖，各种形容词堆积在一起却没有一个含有赞扬的意思，而我也很好奇强子怎么就对这样的女生产生了兴趣，当我说出这个问题时，他只是带着不屑语气回答了一句，

“只是搞不懂那样的人怎么有勇气活在这世上。”

“那样的人，你说她是哪样的人？”

砰！一个球正中强子脑门儿，我甩手离去的时候正听到那句。

“林浩南你疯了！又不是你女友！”

## 4

给姜染寄信的时候，邮局大叔对我笑了笑，边封口边对我说：“小伙子玩浪漫啊，一个城市的还寄信！”带着浓烈的地方口音。

我不知该如何回答，其实我也不想要这样，我也想和姜染像正常的情侣一样，没事出来压马路偶尔牵手拥抱就能乐上半天，可以靠在对方的身上看日出日落。

当然这一切都是“我想”而已。

鬼使神差，我在回家的路上给姜染发了条短信：我们见面吧。可是过了好久她都没有回复。

也许是没有看见，也许又是相同敷衍的理由。

要补课，不能出去，没时间等等之类。其实只要你想，这世间任何事都可以成为借口。

突然发现我和姜染已经好久没有联系了。以前一天一个电话仿佛成了臆想出来的不存在的回忆。

我不知道她怎么了。我也突然意识到，如果姜染不联系我，那么我可能一辈子都找不到她。

可笑还是可悲呢。

星期一到学校的时候公告栏前围满了人。一则处分启事，可名字不知被谁撕破，只留下模糊的笔画。可以拼凑出来的一个名字。

是那个女生，因为殴打同学所以得了一个处分。放眼望去，旁边正是我得奖的公告。

我和她。永远不是一条路上的人。

回到班上的时候，大家也都在讨论这个事情。那个看上去柔弱的女生怎么突然做出了这种事，这是令人好奇的。号称哲学大师的同学突然来了句："逼迫她的不止一个人。"看似认真的话却又有些哗众取宠的感觉，班上安静了一会儿又继续吵吵闹闹。

本就是事不关己，又何来感同身受。

本来是一件小事，可好像因为女生死不认错闹得越来越大。最后传到我耳边的是要退学的消息。

推车出门的时候正巧碰见那个女生。手里抱着书，眼眶里好像有泪水。旁边应该是她的父母，一副恨铁不成钢的模样，也拿手抹了抹眼。

一家人的身影有些心酸，女生依旧肥胖，并没有因为那几日的跑步改变什么。

我突然有些走不动了，耳边回想起强子给我透露的内幕。

"你知道吗，就是因为别人抢了她的信然后嘲讽了几句，不知道触动了她哪根神经，居然将桌子甩了过去。那个男生也真是幸运，幸好没什么事。"

听到这个，我只想知道：身边的那些看热闹的人呢，怎么都是一副冷漠的模样。

不过是一次偶然的事件但却带出了一个必然的结果，因为是我们这些人逼迫她成了这般模样。

## 5

姜染终于给我回了信息，两人约好周末在附近的咖啡馆见面。她答应得那样干脆竟让我有些后怕，仿佛带着必死的决心。

学校闹得沸沸扬扬的打架事件终于停息了下来，而那个女生去了何处至今没有人知道。人们只是舒了一口气便继续在人群中寻找第二个可以作为嘲笑的对象。

每个地方都需要这样的人存在。至少把自己放在安全的位置上指着别人的伤口大笑，这对自己是没有害处的。而强子又开始指着不同的女孩儿跟我讲解，每当这时我都会想起那个在操场上跑步的胖女生，还有姜染。

周末，等到我出现的时候咖啡馆里只剩下老板，他热情地招呼着我，在发现不对劲儿时又恍然大悟，递给我一封信笑了笑。

是姜染的笔迹，简单的几句话但不像是她的风格。

“阿南，我想我没有勇气去面对你。”

究竟是没有勇气面对我还是没有勇气面对这个漫长的谎言呢。

那么，让我来告诉你我知晓的部分吧。

姜染，在我无意中翻出一封情书时就发现了一个秘密，笔迹如此相似很明显是一个人。更何况我亲眼看过她寄信，一个城市遇见的机会是不是太大了，那一个学校呢？为了减肥跑步，破烂的处分启事，知晓我的一切。

那么，还需要我继续说下去吗？

我想姜染不知道的是，我来得比她要早。我亲眼看着她在这里徘徊哭泣然后写下这句话。

姜染内心的自卑终究毁了她，我的懦弱也成了压死她的最后一根稻草。

## 6

我再也没有碰见过姜染更没有收到任何来信。

我想，如果当初我勇敢一点坚决一点，那结果会不会完全不一样。

学校里还是有很多低着头走路的胖女生，偶尔心血来潮去跑步。可是她们都不是姜染。

亲爱的女孩儿，你在何方，又有没有变得如你想象般美好？

如果累了就回来吧，我还在这里呢。

## 番外：自卑是一朵花

其实我是打算和阿南说清楚一切的，可是当我进去咖啡馆时便看见了他躲在拐角的身影。眉目清秀，安静地站着，好像全世界只有他一个人。那时我便明白了，我想他知道了，而态度也自然是明了了。

鼓足的勇气突然像个气球被针扎了一样，一点点泄气。我不怕很多人在背后议论我，我只怕像个充斥谎言的小丑出现在我喜欢的人面前。

是的，这从一开始就是个骗局。

我喜欢阿南，这是埋在心底很久的秘密。我递过去的情书他只是笑了笑说了句“谢谢”就离开了，可这次失败并不能妨碍我喜欢他。直到某次网络的遇见，好像过了很久他突然告诉我，他喜欢我。

他喜欢我。我却不知道他喜欢的究竟是谁，是那个网络上活泼可爱的姜染，还是现实中受尽嘲笑的胖女孩儿。

这两个都是我，却又都不是我。

我内心的自卑逐渐发酵并越来越大。

我在操场上跑步想要摆脱这沉重的身体，我弄破处分启事只是不想以那样的身份出现在他面前。

可是最后我还是失败了，他还是知道了。

我按照既定的流程走完，却又多了一封信的环节。我想如果我更加美好，也许今日就敢大方地站在他面前。

后来，我还是会收到阿南的信。他跟我说着学校里的事情，每封信的最后一句话都是那句“我等你”。

而我却不知道还有没有勇气回去。

自卑是一朵花。

# 一眼万年

蓝与冰

## 躲在门后的姜林心里黑森森的暗礁凸起，霎时间罩暗了整个世界

姜林没想到自己会这么早就重新遇上陈旭，在她已经学会了化光鲜亮丽的妆容、穿得体漂亮的裙子的二十岁，重逢了早已决定遗忘的五年前的隐秘心事。她作为学生会会长组织联谊几所院校一起合作策划一次活动演出，而邻校的社团交流部长就是那个展着一脸微笑，名字在自己的日记中出现过千百次的陈旭。

人生的巧合完全出乎了她的意料，她故作镇定地展示着活动计划方案，手心里却一直捏着一把汗。她总觉得对方带笑的眼神像是带着小钩子的，看得她汗涔涔，心口不安而兴奋地跳起了血的狂欢节。

这习惯是在五年前就养成了的，彼时她刚升上高中，念的文科。为数不多的男生里，陈旭是最出风头的班草，不错的家庭条件造就了他的矜贵气质，眼神明亮鼻梁高挺，一颦一笑皆成风景，成了多少个夜晚女生宿舍里不休的谈论话题。当时姜林也是其中的一员，怀着女孩子都有的悸动心情悄悄地喜欢上了他。

谁知道陈旭竟真的开始主动找她了。第一次是在校门口，陈旭轻拍了下她的肩膀，笑着说："同学，你就是姜林吧？"他轻松的一拍手落在肩膀上却是烙铁一样的烫而重。姜林点点头，心口像开启了一瓶香槟，"嘭"的一声满溢了金黄色的欢喜。

随后就是客气的吃饭，姜林以为平凡如自己也有了被上天眷顾的一天，谁知这只是上天和她开的一个不怀好意的玩笑。陈旭的目的是跟姜林同寝的田佳灵，班里公认最漂亮的女生，走到哪里都能招惹男生的欣赏、女生艳羡的班花。陈旭笑着问"你能帮我追她吗？"的时候，姜林的心深深地沉下去，却还是乖乖地一点头，用最后的力气说："好。"

红娘也没有她这么虔诚的，姜林早上六点爬下寝室楼去接陈旭买给田佳灵的早餐，陈旭会给姜林也带一份豆浆；姜林凑到骄傲的田佳灵身边问她的喜好，态度谦卑得低到尘埃里。好多女生用奇怪的视线去问她，你这是干吗？她也不知道自己要干吗，殷勤成一个小丫鬟，纵是与自己无关的幸福，可她一看到陈旭一脸恳切的表情就心甘情愿了。

暗恋是世界上最无畏也最寂寞的感情，没有任何心计作祟，只是在单纯地用青春供奉着喜欢的情绪。她为这份无关自己的恋情奔波着，委屈着自己，还受着他人瞧不起的目光。她一直相信着真心总会收获回报的，陈旭总有一天会看到默默等在身后的自己的。

可是这一天她等了很久，等来的却只是田佳灵在洗漱间里无意间说的一句话。她听见正牌公主轻蔑地笑着说："姜林？我都没见过那么贱的女生啊，跟她又没什么关系干吗总来讨好我？"

躲在门后的姜林心里黑森森的暗礁凸起，霎时间罩暗了整个世界，难过到连心痛都忘记了。她回到寝室咬着唇，任滚烫的眼泪侵蚀着双眼，将日记扉页上那个少年的侧影用圆珠笔一下一下地涂黑。

## 她一遍遍地希望他潦倒，<br>却只看到了被时光雕琢得更为成熟明亮的他

她隐忍而安妥，奉献的结果只落得了这样的被轻视鄙夷的下场，面对着汹涌而来的现实觉得自己无比的渺小无力。她在心里一遍遍地骂自己傻，然后第一次在日记本上

郑重地写上陈旭的名字，那之后则是一段激励自己的话。她下定了决心去拼去闯，彻底从底层的小女生爬到金字塔的顶峰，让重逢时的他们惊艳而悔恨。

那之后她一直很努力地抬起头守护着自尊，修养着自己独有的气场，上大学之后彻底与过去诀别了。她变得果敢坚强，讲话声洪亮而有底气，在学生会雷厉风行地独撑一面，可还是觉得自己还不够优秀，现在比心里的定期早了，她心里的愿景还是落了空。她一遍遍地希望他潦倒，却只看到了被时光雕琢得更为成熟明亮的他。那些诅咒是因为看不见他才忍心说出口的，一看到他的眉眼，她的心跳就又不争气地响了起来。姜林咬咬嘴唇，忽然很讨厌这样的自己，明明自己都是有男朋友的人了啊。

回寝室后她一头埋进了被子里，脑袋里清晰着的是陈旭的微笑，看着手机上的短信半天也不知道怎么回好：今天的活动累吧？明天早上我帮你占座，好好睡吧。

她的男朋友李超就是在当年她最伤心时才突然出现的，同级的平凡男生，低声表白听起来不痒不痛，却多少能抚慰些当时她失意的心。姜林顺势答应了李超，谁都能看出她只是将就，可这段将就的情愫却持续了五年之久。李超平凡老实，一笑起来脸上堆起了褶，个性却也是敦厚温顺，贴心得像是一位全能保姆加管家。他会记得生活里一切细琐的细节，连哪家超市比较便宜都计算得好好的。可姜林却隐隐觉得，这样普通而简单的生活熟悉到乏味，她感觉自己像是已经老了，一点儿没有青春该有的活力和惊喜。她记得自己在二十岁生日时祈愿给自己点惊喜。而现在，惊喜来了。

活动演出如期举行，成功而精彩，赢得了一片掌声。更让姜林惊喜的是，陈旭竟然还记得自己，在她走出活动教室的时候等在门口，笑脸灿然依旧："姜林是吧，怎么都不跟我打招呼，不记得我了吗？"

姜林愣愣地看着他，怎么还会不记得，清俊的眉眼，修长的身影，曾每晚都在脑海里温习过的温柔笑脸。她喜欢的样子他都有。

## 用最谦卑的样子露出最嚣张的笑容，让当年轻视自己的人狠狠地难受

晚餐约在校门口的西餐厅，姜林不知道为什么，一看到陈旭含笑的眼睛就什么都无力拒绝了。他依旧优雅得像个王子，刀叉在手里闪出不一样的银光。她一直在听着他的侃谈，上大学后的点点滴滴，如锦的前程仿佛是写好的，她急切地打断了他问那田佳灵呢。

"啊，我们分手了。"陈旭轻轻地耸肩，歪着头将切好的牛排送到口中。轻描淡写的话像是电流，激得姜林的嘴唇都开始抖了起来。她曾千百次诅咒过的那对恋人，真

的分手了啊。

“她太娇气，小姐性子我也不愿一直惯着。说到底，我还是觉得安稳坚强的女生更吸引人。”陈旭忽然抬起了头，嘴角是魅惑的笑，眼神灼灼。他所有的言语举止都那么不经意，可在姜林来说却能左右她的心跳和呼吸。

陈旭出现在姜林生活中的频率忽然高了起来，甚至还有等在宿舍门口的十五束栀子花。陈旭说这洁白纯净的花朵像她，单纯美好得不可方物。姜林一阵的脸红，哪个女孩儿没做过浪漫公主梦呢，而在她的梦里，陈旭是最完美而称职的王子。

姜林对陈旭的态度也一直不明朗，他几次邀约都被姜林拒绝了。她觉得还是矜持些好，毕竟梦境忽然实现的话，谁都会带着些怀疑的。她也没告诉李超她和陈旭重逢的事，总觉得自己的态度是在做什么坏事，面对李超依旧稚气纯朴的眼神总会心虚地避开，可却还是任性地不想拒绝。

陈旭给姜林发来了短信：不管怎么样，今天陪陪我吧，我在校门那等你。

姜林紧张着远远就看到了他。陈旭穿着随性的T恤，坐在校门口的石阶上，眯起的眉眼像是风轻巧吹过后留下的痕迹，单单侧影就有那么大的吸引力。姜林瞬间就愣了，一切坚强的伪装都溃败如山倒，被强大的感情洪流瓦解得一丝不剩，心里的小人一直在喊：我喜欢你，还在喜欢你，永远喜欢你！

陈旭转身望见她时就笑了，嘴角是呼之欲出的春天。他扬起眉眼说："跟我来。"

三个简单的字就勾住了姜林的好奇心，陈旭自然地牵起了姜林的手，两个人仿佛是沿着时光的轨迹往回走，身影诗意成绘本里暖色系的一页。姜林手心攥满局促不安的欢愉，忽然就希望这条路会没有尽头。

目的地在陈旭的大学门口，姜林一眼认出了当年自己嫉恨的田佳灵。她的高雅气质依旧没变，反而被时光洗礼得更像个成熟的贵族，却还是在看到陈旭的时候重新露出了孩子气的笑："陈旭，叫我出来什么事？"

那生动的表情姜林再熟悉不过了。她不知道这是在演出哪一幕戏，只是看到陈旭揽过自己的肩膀说："佳灵，你还记得她吗？她是姜林。"

陈旭凑近了说："我真后悔自己当年那么糊涂，忽视了真正应该珍惜的人，现在我想来告诉你一声，我还是喜欢她。"

姜林看到陈旭将一个温柔的吻落在自己额头上，看到田佳灵的脸一寸寸地白下去。她在想自己该摆什么表情呢，这是自己一直以来的心愿吧，用最谦卑的样子露出最嚣张的笑容，让当年轻视自己的人狠狠地难受。

姜林抬眼去看陈旭，却怔住了。她看到陈旭笑了，右嘴角上挑，那个轻佻俯视的微笑曾那么熟悉。

回去的路上聊到过去，得知了姜林的现男友是李超时，陈旭惊讶不已。他踌躇了半天才有些困扰地说：“你不知道，其实一开始就是李超拜托我去接近你的。”

他没再说下去，可姜林却像是被一只沉重的钟摆击中，忽然就理解了最原始的剧情。原来真的没有什么纯粹善良的人，李超拜托陈旭来接近自己，让自己伤心失望，然后利用自己的失意时心里的罅隙而出现，牵起自己的手。从最开始傻得可笑的人只有自己啊。

陈旭停住脚步，目光定定地望着姜林，很认真地说：“看你现在变得这么不一样我真的吃惊不小。之前可能因为幼稚好面子而伤害过你，可我以后绝对不会了。所以你可以给我一个机会吗？”

## 时光会模糊过去所有的悲伤和痛苦，只留下所有美好的记忆

姜林在李超来之前想好了所有想说的话，却没想到如约而至的李超说的第一句话就是：“咱们分手吧。”

姜林吓了一跳，李超低着头接着说：“我也知道现在的自己也许根本不值得你喜欢吧，你重新遇到陈旭的事我都知道了，他也找我说过了。对不起，当年真的是我求他去接近你的，因为我从看到你第一眼时就喜欢上了你的单

纯善良，却不敢去表白，只好求他去问问你的联系方式之类的，却没想到最后闹成了那样。也许我是挺卑鄙的吧，趁你难过时才向你表白……”

“你说什么呢，今天我来找你，是为了一起过情人节啊。”姜林打断了他，温柔地说，“你知道吗，我对那种胆小却执着的心情再熟悉不过了，看见你就像是看见了当年傻傻的自己。可能有时候会任性地觉得你哪里不好，可是仔细想想的话，真的找不到比你更好的了。谢谢你这么重视我，当然以后我也会的。”

心脏这种不完整的容器，只能盛放不成熟的意念和不清晰的记忆。当你对一个人的记忆愈是模糊时，你愈会不可自拔地爱上他。时光会模糊过去所有的悲伤和痛苦，只留下所有美好的记忆。你深深眷恋的，并不是他，而是已不复存在的年少时光。姜林已然在和陈旭相处的过程中明白了这个道理，从陈旭狠心地在田佳灵面前帮她如愿复仇时就明白了。

虽然已经分手了，但田佳灵好歹是他交往过一年多的女朋友，而且对方喜悦的表情说明了她的心情，可陈旭却能冷漠着脸说出那些话。这让姜林觉得很可怕，温柔的视线转身就冰冷得不含温度，至少在她来说的话根本做不到。陈旭表白之后几句话就又聊到了学生会方面，他想来姜林的学校宣讲，这彻底让姜林想明白了一切起合点，自己的学生会会长身份是他最好的利用价值，就像多年前一样，他又自然地把自己当成了前行的梯，即使形式变了，可是他的心却一直没变。陈旭是水仙花，他爱的人只是他自己。

姜林不愿再沉沦在五年前的心跳里了，她已然知道，稳妥而温暖的手心温度不知比那兴奋却无望的悸动心情珍贵多少，被人喜欢着是一种多么幸福的心情啊，那样珍贵的一个凝视足以击溃数百万年的苍烟。

李超惊讶地张开了嘴，眼里闪着不知是感动还是幸福的光点，可表情却是笑的，那么别扭，却又那么好看。姜林淡淡地微笑，坚定地握住身边李超的手，她曾将目光停在一个遥远的身影上，延长成世纪之远，而其实也早已有人执着而恳切地等在身后，用万年的坚守只等她醒悟后的一回眸。

# 点石成金

# 忘忧草不是黄花菜

蓝与冰

## 1

苏落一直知道，自己的喜欢，只是一场自顾自的执着。

从前，她以为左翼多少是有点喜欢自己，要不然他为什么每次看到自己都会开心地喊："落落落落落落。"

直到一次放暑假，苏落去奶奶家住，又听到了熟悉的落落落落落落。她略带诧异地跑出屋子，所有的猪都挤到了食槽边眼巴巴地等着奶奶喂食。苏落才明白了这个称呼原本的含义。她蹲下身子看着满眼期待的猪，忽然觉得自己和它们好像，都是本能地因一句呼喊而欢喜雀跃，只因为奶奶掌握着猪们的食物，而左翼掌握着她的心。

左翼比苏落大一岁，却没有一点点邻家哥哥式的礼让气质，他总是抢苏落的零食，扯苏落的辫子，把苏落气得掉下眼泪还幸灾乐祸地笑。苏落小时就总是在诅咒左翼，她想这么坏的人以后肯定会长成小流氓，她想自己长大后一定要把左翼给打趴下。可她却没想到自己会喜欢上这个爱欺负人的坏男孩儿，如芥草一样卑微，如软糖一样甜蜜。

就像三年级那次默写生词比赛，苏落拿了第一名。因为最后的“笑眯眯”三个字，好多人都写成了“笑咪咪”，只有她，在看到这个单词时，脑海里忽然浮现出一个男孩儿线条清秀明朗的笑脸。那是一双会笑的眼睛啊，里面闪着晶亮的光，会让苏落的目光拉扯得像水一样柔润绵长。

苏落从那时就笃定了自己简单却执拗的信条，她喜欢左翼，霸道却有个性，粗心却好看的左翼。

## 2

苏落第一次与陆洋相遇时，正偷偷跟在左翼和柳宁的后面，根本没注意不知何时盯上了自己的陆洋。彼时是在炽热到连线条都被烤弯的夏天，她却套着长袖衬衫，帆布牛仔裤，戴着蛤蟆墨镜。她觉得全身都爬满了细细密密的汗珠，舌头不断地游弋在冰激凌上，却感受不到一丝丝凉爽。

陆洋就不知从哪儿冒了出来，忽然摘下了她的帽子，眉尖眼细地微笑说："这年头，还真有这么傻的侦探啊。"苏落瞪陆洋一眼，又慌忙看看前面，生怕跟丢了那俩人。陆洋却懒洋洋地把胳膊盘到脑后，跟上了她。

苏落真心觉得好烦啊，本来这一身打扮就让她闷热得想一头扎进旁边的湖里，本来前面的背影就让她郁闷得想大吼几声泄愤，正好那时左翼回头看了两眼，苏落慌忙把头撇到一边去，心忐忑得蹦跳个没完，可身边的陆洋还是优哉地眯着眼睛，欣赏着这一出貌似好笑的戏。等她转回身，才发现不见了他们的身影，她急得把冰激凌一扔，拔腿就追。陆洋笑得快抽筋，他说："那是你男朋友啊？"

苏落就停住了脚步，心里的苦闷和烦躁胀得快要爆炸。她一把扯过陆洋的左胳膊，狠命地咬下去。

苏落一直记得，那天陆洋的胳膊上满是咸咸涩涩的味道，难吃得让她想马上松口再吐几口口水。可是当时她却像一只急红了眼的兔子，用尽力气咬合自己的牙齿。

陆洋也火了，但他一直克制着自己没叫出声，他猛甩两下胳膊，但苏落像正吸血的蚊子一样执着，就是不松口。他就捏住了苏落的下巴，迫她抬头，想用武力解决问题时，却愣住了。

因为苏落哭了，她的眼泪就那样啪嗒啪嗒地摔下来。那是陆洋第一次认真审视苏落的脸，尽管被泪水和汗水润湿得不像样子，表情皱得像一团揉过的纸，陆洋还是在苏落泪汪汪的眼睛里看到了他寻找的光。

## 3

之后的一天，陆洋就找到了苏落的班级，笑着说，找一下苏落。

苏落听说有人来找她时还有些奇怪，毕竟她是那样平凡，死党说着有一绝世帅哥在等着你的兴奋样子更让她怀疑今天是不是愚人节。等她慢腾腾地挪到门口看见陆洋时，还在愣愣地想，他是谁啊?

陆洋看见了苏落就笑得更开心，眼角边小小的痣都变了位置。他说："你果然把我忘了吧，小傻瓜。"

直到陆洋把还带着一圈红印的胳膊伸出来，她才恍然大悟地"啊"了一声，原来他是那个破坏自己完美计划，阻碍自己爱情道路的无聊人啊。她还没来得及回话，陆洋就忽然凑近了她的脸，苏落就看到了陆洋清澈的眸子里漾着的自己的倒影，也听见陆洋有磁性的声音——你怎么这么傻啊。但是，我好喜欢你这副傻样子啊。

她就以无比单纯的模样开口对陆洋说了第一句话。她说："你滚，我有喜欢的人了。"

好久以后陆洋还是清晰地记得她说话时的表情，脸颊上飞满了红润的霞，目光里却种满了执着的光。她语气淡定，带着小小的骄傲感，可是陆洋却从她紧握的拳头上，从她颤抖的指节间，看出了她的故作镇定，和一种莫名的卑微感。

当时的陆洋还不知道，苏落的骄傲和卑微，欢喜和忧伤，都来自于同一个人，他就像是苏落的调料罐，一句话、一个表情、一个动作都能在她的心里撒下糖浆或陈醋或胡椒粉，让她原本的心情瞬间变了味道。

面容温润的柳宁是苏落最大的羡慕对象，因为柳宁是左翼喜欢的人。苏落承认，柳宁长得的确是好看，眼角上扬的丹凤眼，像从古代画卷里走出来的纤纤少女，以至于她都觉得，自己要是男孩儿也一定会喜欢上美到惊艳的柳宁。

苏落却不想承认，左翼和柳宁很配，她那天跟踪时就注意到，两个好看的人在人群里是多么显眼，如同启明星一般吸引着所有人的视线。她一直以为，自己会这样默默地喜欢左翼，可是陆洋却闯进了她安静简单的生活，在左翼、柳宁和她之间，连上了千万条她都未曾预料的线。

陆洋开始经常趁苏落不注意时出现在她身边，边拍她的脑袋，边叫着她小傻瓜。好多次看到左翼时，陆洋都在她身边暧昧地笑。左翼会吹着口哨嬉笑着说：“你男朋友长得挺帅的嘛。”苏落就涨红了脸，他不是我男朋友！我没有男朋友！

苏落一直在想，没准哪一天，左翼会厌倦了柳宁的惊世骇俗的美，发现平淡简单的生活也很不错。然后转过身说，落落落落落落，等我好久了吧。

那时候苏落一定会激动到眼泪流成小河。所以她愿意等，即使这憧憬中的未来只有万分之一的可能，即使到时她会白发苍苍连一个好字都要很费力才能说出来，她也会用尽全身力气安心地等。只要左翼还在，她就愿意做那盏守护的灯，虽然光芒淡弱，但却一直亮着。

## 4

苏落生日那天，陆洋送给了她一盆忘忧草，她愣愣地看了半天，眼泪就不自觉地掉了下来。陆洋就慌了，微微地难过起来，因为他知道，苏落的眼泪一定与自己无关，与感动无关。有关系的，只是她记忆里那个男孩儿。

原来苏落在小学二年级就一直念着左翼的好了，那时的小区里不知从哪跑出一只大狼狗，追着她就跑，吓得她心脏都要跳出来，哇哇地大哭，橡胶凉鞋被甩丢了一只，腿一软就倒在了地上，眼泪洒到水泥板地面上。左翼就小英雄一样冲了过去，和狼狗厮滚了起来。还好大人们发现得快，打跑了狗，她才跌跌撞撞地蹭到左翼身边，左翼的额头流着血，满身是灰尘，却还咧着嘴笑。

在苏落心里，左翼一直是那个勇敢英俊，会保护自己的小骑士。她以为左翼额头上的伤就是他们缘分的证明，所以左翼一直留着飘逸好看的斜刘海，只有苏落知道，那之下藏着怎样一个让她心疼又幸福的回忆。

苏落还记得左翼说要带她去看他的秘密基地，他们穿过邻居家种的豆角架，跨过一条及膝深的小溪，走过一片荒凉的废弃工地，然后就迷了路。那时候的左翼士气满满地说要带她走出去，却一会儿就累得靠在水泥管边睡着了。苏落靠在左翼身边，撑着下巴看星星，听着他均匀的呼吸声，就忽然一点儿都不害怕了。

然后就是小学毕业的时候，那时候正热播的电视剧里，男主角给女主角送花的一幕感动了好多人，于是男孩子们都有样学样地买花送给即将要分别的同学，那时候的左翼就带着一脸微笑，伸手递给了苏落一把蔫儿了的草。他说，这是黄花菜，多配你啊。

那时全班同学都哄堂大笑，只有苏落羞红了脸，却还是紧紧握住了那把草。傻傻的她只是一根筋地记住了左翼所有的好，所以他的玩笑他的羞辱她都不在意，只要左翼能继续向她展露笑脸，她就能把一切苦涩的记忆都包上五彩的糖衣。

于是在今天，看到熟悉的这把草时，苏落就明白了原来黄花菜还有一个如此好听的名字。她默默地想，也许左翼就是她的那株忘忧草，看见他明媚的笑脸，她就能忘掉一些忧愁和烦恼，满心满眼都是欢喜的笑。

可是粗心的左翼不知道也不明白苏落的心思，苏落想过好多次表白的方式，可还没等找机会说出口，她就听见了左翼一脸痴迷地说，二班的柳宁长得真好看啊，我要追她。

苏落的话就梗在了喉咙口。她还是一脸平静的笑，应和着点了下头，心里却翻滚出了声势浩大的浪，一波一波地呼啸而过，让晕船的她快要挺不过这难过铸成的海洋。

她就一直以那么卑微的姿态喜欢着左翼，心甘情愿，无怨无悔，看到左翼就能舒心地笑出来，都能开心地伸长手臂冲他打招呼，都能听见全身的毛孔都在轻轻地呼唤着他的名字。

左翼左翼，小翅膀。

陆洋看着苏落哭泣的样子，心疼汹涌而出，他小声地说："你就这么死心塌地，这么傻？"

然后在心里默默地说，"可是，我也是和你一样傻，我喜欢你，一样死心塌地"。

## 5

那天来找苏落的陆洋显得有些沉默，犹豫了一会才开口说："柳宁对我表白了。"

苏落惊讶地问："柳宁？就是左翼从初中开始就喜欢的柳宁？"

陆洋的目光就更暗淡了一些，他点了下头，嗯。

苏落才开始认真地审视陆洋的脸，那是很英气的面孔，瞳孔里明锐的光会晃晕了人的眼，眼角边小小的泪痣显得很精致。苏落就看愣了，她从没仔细注意过陆洋，因为之前她的目光都锁向了另一个人，所以忘记了一直在身边的男孩儿也是这样的优秀。

苏落说，没想到啊，原来你这么拉风呢，那么漂亮的柳宁都喜欢你。

可是我喜欢的人不喜欢我有什么用呢。陆洋轻描淡写地说，内心却各种风雨飘摇。苏落低下了头，什么都没说。

关于柳宁喜欢陆洋的消息很快传得满城皆知，苏落没想到外表纤柔美丽的柳宁会有那样的狠心。大家都说，为了彻底拒绝左翼，她给了他一巴掌。

苏落想着柳宁该有怎样的决然才能对左翼好看的笑脸下得去手呢，她就飞快地跑到左翼班级，等他出来，然后怯怯地叫他一声，小翅膀。

左翼看见了苏落就笑了，落落落落小蠢猪来啦。

苏落想反驳小蠢猪这几个字，却在看到左翼的笑脸时，整个心都软下去了。她点点头说，我们一起出去吃个饭吧。

就在校门口的麻辣烫店里，苏落很熟练地帮着左翼加调料，两勺辣油一勺醋，只和左翼吃过为数不多的几顿饭，她就细心地记住了他的习惯。她捧着麻辣烫小心地放到左翼面前，就像捧着感情虔诚地放到左翼那里一样。

左翼抽抽鼻子，讪笑着说，这么多年了，还是没变啊，一如既往地，傻。

只念着别人不顾自己的人就是傻。

苏落看着左翼狼吞虎咽地吃着就很开心地笑了。她想，真好啊，左翼还是有着精神头呢，之前的担心都是多余的吧。

可是渐渐地她却笑不出声了。左翼要了几瓶啤酒，喝着喝着，本来的笑脸就皱成了一团，苏落心急得要命，左翼却什么都不说，只是一味地喝啤酒，苏落想拦却拦不住，直到她听见左翼的声音。她就觉得时间都断裂在那一刻。

我喜欢你。我喜欢你啊。

苏落的眼眶潮润了好多，刚想说我也是啊，却又听见左翼接着说，柳宁……

苏落的世界就这样，刚打开了灯火的开关就断了电。她看着醉倒在桌子上的左翼，一遍遍地告诉自己要挺住，却总有冰凉的液体不听话地流出来打湿了她的脸。

她也学着左翼的样子起开一瓶啤酒，皱着眉头全部灌进了肚子里。她忘记了自己喝了多少瓶，总之，等她恢复清醒的时候，四周都是惨兮兮的白色，仿佛在嘲笑她爱而不得的悲惨心情。她深深呼吸了一口气，却被消毒药水的气味呛得直咳嗽，她抬起了头，才看见吊瓶里透明的液体正像眼泪一样一滴一滴从手背流进身体里。

当时她就在想，不会吧，我真的哭到脱水了吗？

直到一旁的妈妈搂住了自己，抽泣着说："傻孩子，不知道你酒精过敏吗？"苏落才注意自己手臂上一片片绯红的小点点。她想，也许左翼真的是自己的一场劫，但也是一场幸运，一场所有快乐和悲伤的源泉。

## 6

等她再回到班级里的时候，陆洋正在门口等着她，看到她就温柔地环住了她，说着小傻瓜，你又去哪里了，我好担心。

苏落就任陆洋安静地抱着自己，想着这个怀抱要是来自于左翼该多好。

她还想过那一天左翼会不会把晕倒的自己以公主抱的方式一路抱到了医院。那自己就真的像鲁迅先生说的那样，是怎样的哀痛者与幸福者啊。

可是幻想毕竟是幻想，现实是，左翼成功地追到了柳宁。传言说陆洋拒绝了柳宁，柳宁最难过的时候，左翼还不离不弃地守在柳宁身边，铁石心肠的公主就终于被感动了。

苏落得知这个消息时连哭的力气都没有了。她觉得自己的泪腺是不是因为流的眼泪太多而枯竭了，坏死了。她早就知道会是这样的结局，却还是在奋力挣扎着，期盼有一天左翼会回心转意，结局会重新改写。

可是，现实世界就是这样，可是永远比如果多。

## 7

陆洋看到苏落来看望他时，眼角还留着瘀青的印记，却笑得比阳光还灿烂。苏落就在奇怪，一向与世无争的好学生代表陆洋怎么会和人打架到住了院，听完坐在陆洋病床边的朋友的话，苏落才了解了整个事实真相。

那本来是无关陆洋的争斗，陆洋却在看见了挨揍的左翼的一刻条件反射一样冲了上去，他在拉着左翼，护着左翼，只因为他怕看到左翼受伤的苏落会心疼。

陆洋责怪地瞪着他的朋友，有些羞涩地对苏落赔笑，没什么的，都是他们瞎说的。我哪有那么傻啊，是不是?

苏落就在那时候的病房里望着陆洋的眼睛认真地说："陆洋，我们在一起吧。"

她终于想明白了自己是傻孩子，一直很苍凉地用力爱着，可是她也是时候该被爱着试试了。

只是以后，当她听到陆洋叫她小傻瓜的时候，还是会不经意地想到小翅膀。可是她会学着忘记，学着做一株骄傲的忘忧草，而不再是卑微的黄花菜。

## 8

左翼一个人望着星空的时候，总觉得天都要塌下来压迫自己到窒息。他不想回冷清的家，不想去找自己美丽的女朋友，只想安静地在草地上躺一小会儿，吹吹冷风。

这时候他就能忘记一切，忘记不开心的家，忘记混乱的心情，忘记一个叫苏落的小女孩儿。

回到家只有喝得烂醉的爸爸，和不带一点儿温度的房子。

很小的时候，左翼的爸爸带他去算命，算命先生就摇头说这孩子五行不足，命中克人。左翼脾气暴躁的爸爸当时就火了，回去就是一场争吵。这场战争就无休止地愈演愈烈，随着左翼的成长，他不算优秀的成绩和在学校不让人省心的表现让他的父母一次又一次失望，最后，一纸离婚协议书撕毁了整个家庭。

小小的左翼从那时就开始了自己无边无际的担忧和恐惧，他觉得自己是那样的没用啊，没有人肯定自己。哦，不对，除了一个傻丫头，一直站在自己这边的，傻丫头。

其实左翼也一直留意着身边这个乖巧听话却一根筋的小女孩儿，只是他也一样傻，总是学不会表达。苏落不知道，左翼每次对她的好，都是来源于他自己惹的祸。他想让苏落看看和他处好关系的大狼狗，却吓得苏落落下了心病；他想带苏落去他的秘密基地，却害得苏落迷路，被蚊子叮了满身的包才回家。

所以左翼怕了，他怕自己的粗心会一次次伤害到可怜的苏落，他怕自己真的像算命先生说的一样命中克人，他怕自己会真的喜欢上这个一直在身边的小女孩儿。

所以那次在麻辣烫店里，在酒精的麻醉作用下，他就迷糊地说出了想说的话，可当他看到苏落眼里闪起的小小泪光时，就很努力地，清楚地说出了另一个人的名字。之后他看着醉倒的苏落，心疼泛滥得想狠狠抽自己一顿。

你看，真的吧，我真是总会伤害到你，只会给你徒增烦恼啊。

所以他就告诉全世界自己喜欢骄傲的柳宁。他也在柳宁身上倾注了大片的心思，甚至为了她和那些好面子的男生一次次争斗。可当他看着柳宁温婉的笑脸时总会失神地闪到另一张朴素傻傻的笑脸；可当他知道陆洋在追苏落时还会急红了眼睛；可当他眯着眼睛抬头看阳光时，还是会心里痒痒地想喊几声，落落落落落落。

苏落就这样一直不知道一个男孩儿的卑微和畏惧，心疼和内疚。左翼很好地用嘻嘻哈哈的态度藏住了自己的心思，却永远也藏不住内心里小小的喜悦和难过。对于左翼，苏落就像阳光一样，温暖却刺眼，明亮却无形，喜欢却不能拥有。因为左翼一直是缩在黑暗里的小孩儿，那样纯澈的美好，他不忍拥有，不敢拥有，也不奢望拥有。

苏落也不知道左翼也在一期节目里看到了黄花菜就是忘忧草的知识，当年小小的左翼就跑遍全市场买到了一把黄花菜，心里却暗暗地想着，那个爱哭鬼，忘掉眼泪吧。

苏落更不知道，左翼心里，她一直是那一株忘忧草，一粒种子却种满了左翼的心房。风吹过时，左翼就总能听到整个草原的忘忧草都在轻轻地呼唤着，小翅膀，小翅膀……

# 谁也不是谁的配角

米图塔塔

## 1

董婧雯是我最好的朋友。大家都这么认为，除了孙小冬。

“季佳佳，其实你讨厌她吧？你肯定讨厌她。”孙小冬一脸了然于心的表情。

我瞥了孙小冬一眼：“孙小冬，你要是闲得没事干，就多帮你爸削几筐羊肉卷吧。”

“其实你告诉我也没关系，因为我也讨厌董婧雯。”孙小冬冲我眨眨眼。

我肚子里突然蹿出一股无名火，“孙小冬，你少吃不到葡萄说葡萄酸，董婧雯看得上你吗？！你好好照照镜子看看你那熊样。”说完我扔下半锅没吃完的羊肉火锅走了。

我和孙小冬总是吵架，除了因为他总是无时无刻想着挑拨我和董婧雯的关系外，还因为我只敢冲好脾气的孙小冬发火。

孙小冬说我要是对待董婧雯有对他的一半厉害，我早把车世超给抢到手了。

我没好气地说：“你以为是土匪抢亲，谁厉害跟谁走啊。没脑子就是没脑子。”

孙小冬咂咂嘴，就去切菠菜了。

我是真的把董婧雯当我最好的朋友，我是真的不想去讨厌她，可我却喜欢上了车世超——董婧雯的第三任男朋友。

董婧雯是我们学校的校花，她的男朋友都很优秀，起码都很帅。我还记得董婧雯的初恋是一个日系花样美男，微笑起来秒杀全场，天天牵着董婧雯在学校里遛操场，绝对是一道风景线，可后来董婧雯不堪一个疯狂迷恋美男的学妹骚扰，就和花样美男吹了。

董婧雯伤心了几天之后就遇到了第二任，一个同样很帅的文艺青年，当他45度角仰望天空的时候，你可以看见他忧郁的眼睛里悲伤逆流成河。起初，文艺青年每天都要给她写一首诗，把董婧雯感动得死去活来，几个月后听得耳朵要生茧的董婧雯果断提出了分手，理由是没有共同语言。

后来，董婧雯就遇到了车世超，不对，应该是我和董婧雯遇到了车世超，不过，只有董婧雯走进了车世超的心里。

## 2

我和董婧雯的友谊是世袭的，我妈妈和她妈妈是好朋友，所以我俩从小就玩在一起。

我小时候听的最多的话就是我妈无奈地说："你看看人家董婧雯……"

在很多方面我都要看——你看看董婧雯多听话，你看看董婧雯成绩多好……后来，我妈甚至把基因遗传问题都归咎到我的身上，"你看看董婧雯多会长，人家的眼睛快有你两个大了。"

所以说，就算我讨厌董婧雯也是正常的事情，可偏偏，我长了个比墙还厚的脸皮，在我妈的抱怨声里坦然地跟着电视机里的金龟子扭屁股。于是，我就这样奇迹般没有心理问题地和董婧雯做了十几年的好朋友。

我们俩从幼儿园到高中都是在同一所学校，董婧雯一直是校花，我一直是校花的好朋友。小时候我也会疑惑，为什么幼儿园的阿姨总是给董婧雯最大的苹果，为什么隔壁班的死胖子总是抢我的玩具。

有一天，那个胖子又抢了我的玩具，我气愤地大哭起来，董婧雯站起来直接给了胖子一水壶，我看着胖子捂着脑袋哇哇大哭，惊讶地忘了掉眼泪。

那时候我就想，管它为什么呢，有董婧雯这样的朋友不是很好吗?

管它为什么男生只是想着和董婧雯套近乎，管它为什么同一件衣服在董婧雯身上就能熠熠生辉，管它为什么连早恋的董婧雯老师都喜欢。

董婧雯初恋的那个冬天我认识了孙小冬，花美男在一定程度上取代了我的位置，我开始觉得孤独，孤独到要一个人去吃羊肉火锅。孙小冬是我们这里生意最好的火锅店老板的儿子，和我一个高中，他没事就会帮他爸爸削削羊肉卷，切切菜。

孙小冬伸着他包得像香肠一样的手指跟我搭讪，“季佳佳，你今天一个人啊？”

我警惕地看着孙小冬问：“你怎么知道我叫什么？”

孙小冬脸被火锅的热气吹得红红的，“谁不知道你啊，天天和董婧雯腻在一起。”

我冷笑一声，自动把孙小冬归类到董婧雯的暗恋者中，可我发现孙小冬似乎对我怎么可以在董婧雯的光芒下，当绿叶当得这么心满意足更感兴趣。

“老娘喜欢。”我把钱拍在桌子上转身走了。

第二天，孙小冬到班级找我，“季佳佳，你昨天多给了十块钱。”孙小冬有些窘迫地站在那里，见我不搭话，接着说：“今晚我请你，你一定得来。”说完转身走了。

天知道我多爱他家的羊肉火锅，正好董婧雯忙着和花美男谈恋爱，没时间陪我，所以晚上我就厚着脸皮踏进了孙小冬家的火锅店，从而开始了我不定期却有规律的蹭饭行为，我跟孙小冬就是吃货的友谊。

当董婧雯恋爱的时候，我就会常常去找孙小冬；当董婧雯失恋的时候，我就很少去见他了。但是孙小冬似乎一点儿也不介意，每次我去找他，他都在火锅店里忙前忙后，看见我就会笑着说：“嘿，季佳佳你来了。”

每当这个时候我都会感觉我和孙小冬好像认识了很多年，就是这种错觉让我竟然把我暗恋闺密男朋友的事情一五一十地告诉了孙小冬。

“这不是你的错，是车世超没眼光。”孙小冬一边说一边拿个白萝卜练刀工。

“拜托你好好看看我，你觉得我哪里比董婧雯好啊？”我不如董婧雯完全是不能磨灭的客观事实。

孙小冬从头到脚看了我一遍，又一遍，挠挠头说：“虽然暂时没发现，但你就是比她好。”

我叹了口气，沮丧极了，虽然早已习惯了这种比较，可在车世超出现之后，我开始感觉不舒服，像有小虫子一点点在啃噬我的心，痒痒的，还有些痛，这种感觉叫嫉妒。

孙小冬递给我一块萝卜，我看也没看就塞进了嘴里。

孙小冬突然心痛地大喊："季佳佳，你吃了我的萝卜花！我花了三小时刻的萝卜花！"

我十分抱歉地站在那里问："我现在吐出来还来得及吗？"

因为那个萝卜花，孙小冬破天荒的一个星期没理我。

## 3

我第一次见车世超是一个阳光明媚的好天气。董婧雯和我吃着冰激凌遛操场，我突然鼻子一痒打了个喷嚏，当我睁开眼睛，就看见一个篮球直直地朝我飞了过来，它没有很俗套地砸到我的脑袋上，而是打到了我发育不良的胸上。

我疼得蹲在了地上，董婧雯在旁边担心极了："佳佳，你没事吧？你别吓我啊。"

这时，罪魁祸首满脸歉意地跑了过来，同样很不俗套的是，他不是车世超，罪魁祸首是车世超的队友，长是很路人的路人甲同学。

路人甲满头大汗，一脸歉意，"同学，不好意思，你没事吧？"

董婧雯冲着他嚷嚷："你长没长眼睛啊？这叫没事啊？"

“那怎么办啊？同学，我送你去医务室吧。”路人甲一脸尴尬。

这个时候，车世超手拿药油华丽丽地登场了，他说：“同学，你伤哪了？这药油特别好用，我给你揉揉……”

车世超话还没说完，董婧雯就把手里的冰激凌扣到车世超的脸上了，扔下一句，“流氓！”然后搀着我走了。

车世超和路人甲一头雾水对视了一会儿，恍然大悟，急忙冲着我们的背影解释：“同学，我不是这个意思啊，你可以自己揉啊……”

可我们已经走远了，进教学楼的前一秒，我回头去看车世超，他的身影很小很小，蓝色的球衣却很醒目，周边的人好像一瞬间都黯然失色了，我一眼就能看到他。

董婧雯看着我呆呆的样子调侃我说：“怎么，真砸傻了？还是心疼你那飞机场啊？”

第二天，车世超就等在了教室门口，要向我们赔礼道歉，不是我，是我们，虽然我不觉得他哪里对不起董婧雯。

车世超倚在窗台的样子真好看，眯着眼笑的样子也好看，他请我和董婧雯吃西餐，还像电视剧演的那样很绅士地替我和董婧雯开车门，拉椅子，吃饭时我总是有种灵魂出窍般的不真实感，虽然西餐很难吃，刀叉很难用，但车世超简直是秀色可餐。

我想，我是在车世超成为董婧雯男朋友前就喜欢上了他，所以我没什么可惭愧的，更何况，他们现在已经分手了。

## 4

董婧雯分手的理由听上去多少有些无理取闹，她说因为车世超对她太好了。

“佳佳，他对我实在太好了，我说什么是什么，我是他的整个世界，这对我来说是负担，我希望两个人可以互相吸引，你能理解吗？”董婧雯抹着眼泪问我。

虽然我一点儿也不理解，虽然我一点儿也不觉得车世超对她好有什么错，可我还是使劲点了点头，因为董婧雯是我最好的朋友。

“佳佳，你最好了。”董婧雯抱住我说。

我不好，一点儿也不好。

自己做梦都想得到的东西，在别人眼里却变成了负担，这真不公平。就像一个富翁跟乞丐抱怨钱太多一点儿都不好。

晚上我去找孙小冬，我用筷子戳着锅里的豆腐，问他：“你说我这辈子是不是只能做个配角啊？”

孙小冬看着火锅认真地说：“你看，如果这锅里青菜、土豆、粉条、豆腐、调料都没了，羊肉自己活着有什么意思啊？”

我忍不住地笑出来，“孙小冬，你就宣扬你的歪理邪说吧。”

“这叫小火锅有大智慧，反正，我的梦想就是开个火锅店，再有……”孙小冬挠挠头又接着说：“再有个女朋友，嘿嘿。”

“真是胸无大志，人家车世超是要准备考清华当建筑师的。”我鄙夷地说。

“都去盖房子了，总得有人做饭啊。”孙小冬不以为然，边说边夹一筷子肉给我。

你看，孙小冬就是这样的目光短浅，安于现状，但又像物美价廉的羊肉火锅那样实实在在，所以我不讨厌他，即使我知道，孙小冬跟我做朋友其实是因为他喜欢董婧雯。

孙小冬以为我不知道，他口口声声地讨厌董婧雯其实是想跟我套近乎，然后再去接近董婧雯，他不说破，我就不会拆穿。

我要憋死你，孙小冬。

## 5

那天车世超突然出现在我放学回家的路上，突然地让我都说不出话来。

车世超的样子有些疲惫，他问我：“季佳佳，雯雯现在是不是有男朋友了？”

“没有吧……”我小声说。

“我昨天好像看见了，你别骗我了。”车世超打断我。

你都看见了还问我干吗啊，我在心里嘀咕，嘴上却依然微笑着说：“可能看错了吧？”

呵呵，才不是误会呢，我早就知道了，董婧雯又有男朋友了，可车世超这个傻瓜还不知道。

车世超叹了一口气说：“希望如此吧。”

突然，一个念头像小蛇一样钻进我的大脑，我知道这不对，却怎么样也挥之不去，就在车世超准备离开的时候，我喊住了他：“要不，我找个时间让你再和董婧雯谈谈？我帮你们说和说和。”

“真的？佳佳，我太感谢你了。”车世超的眼睛里一下子就有了光芒，看着车世超开心的样子，我有些后悔自己给了车世超这么虚假的希望，可我还是自私地想要给自己一点儿机会。没人总会甘心做配角，更何况车世超也早已不是男一号了。

第二天，我带车世超去找董婧雯，我算好时间，走了几条街后，在我和车世超准备过马路的时候，就看见了对面的董婧雯坐上了另一个男生的摩托车，董婧雯亲昵地抱着男生的腰，笑靥如花。摩托车呼啸而过，只留下了假装错愕的我和备受打击的车世超。

那个男生叫宋铭阳，是我们学校的小痞子，因为打架被学校开除了，大家都认识他。他每天放学都准时在这等董婧雯，董婧雯不想太多人知道这件事，只告诉了我。

信号灯从红变绿，又从绿变红，车世超不动也不说话。我轻轻推了推他，我说："对不起，车世超，我不知道……"

车世超苦笑着说："没关系，不怪你，我早想到了，就是现实太残酷了点。我想一个人静一静。"说完车世超就转身走了。

我站在那里看着车世超的背影，突然有些不明白自己，到底为什么要让车世超看见刚才这一幕，就算我摧毁了车世超对董婧雯最后的一点儿幻想，他也不会转过身来走向我。

可我怎么就那么不甘心呢？

我不想承认，我对董婧雯的嫉妒已经超过了我对车世超的喜欢。我一个人站在寒风里，突然很想去热烘烘的火锅店找孙小冬。

我站在火锅店门口问孙小冬："孙小冬，你到底为什么要和我做朋友啊？"

孙小冬的脸还是那么红，支支吾吾了半天。

"其实，我今天才知道，我没自己想的那么好，你说对了，我讨厌董婧雯，我一直都在嫉妒我的好朋友，我知道你喜欢董婧雯，你是觉得我太可怜，还是想利用我接近董婧雯啊？”我突然不想等到孙小冬憋死的那天，我怕在那之前我被憋死了。

“季佳佳，你……”孙小冬激动得脸都红了，站在那里“你”了半天，还是没说出什么，然后转身走人了。

我想起个成语——恼羞成怒。

## 6

董婧雯的新恋情并不顺利，她时常会跟我抱怨宋铭阳撒谎，还和别的女生搞暧昧，偶尔董婧雯也会怀念一下车世超的百依百顺，这时我的心情就会不可抑制地低落下去，我很想告诉董婧雯你这是自作自受，可我只是坐在一旁，什么也没说，就像以前那样，坐在一旁，什么也没说，脸上挂着温良的微笑。

只有我自己知道，有些想法一旦形成就很难抹掉，我不再把董婧雯当成我最好的朋友，内心里那些积攒已久的刻薄话语就要破口而出，我咬紧嘴唇，不让它们溜出来。

我很难过，因为我终于看清，原来我也不过是一个妄自菲薄、嫉妒朋友的自私家伙，但我同时也有些释然，有些感觉终于可以不去再掩盖，就像墙角阴暗处的苔藓偶尔也会想要照照太阳。

我开始疏远董婧雯，疏远孙小冬，至于车世超，因为本来也算不上熟络，就谈不上疏远，我只想把自己封闭起来，一个人在自己的小世界里拧巴，如果不是那天董婧雯来找我，或许，我还会继续在那里默默地拧巴。

董婧雯难过地跟我说："佳佳，我要和宋铭阳分手，我想回到车世超身边。"说完，董婧雯伸出双手想要抱住我。

我没有办法继续坐在那里无动于衷，那些晦暗的带着毒液的想法慢慢蒸腾着，充满我整个胸腔和大脑，我推开董婧雯的双手，一字一顿地说："我受够你了，董婧雯。你不能因为有很多人喜欢你，就这样自私。"董婧雯睁着大眼睛，不可置信地看着我。

"不是所有人都会永远等着你，喜欢你。我已经开始厌恶了。"我看着她，继续说完，然后起身离开了。

我能想象到董婧雯委屈、愤怒的样子，我并没有觉得开心，只是有种可以自由呼吸的感觉，我终于说出了自己想说的话，这很舒服。

接下来几天，我和董婧雯没有再说话，偶尔碰见，也会尴尬地别过头去。

有时候，我也会想，我和董婧雯是不是就会一直这样，永远不说话，就像从来不曾认识一样，这样不禁让我感觉有些悲哀，我好想去找孙小冬抱怨，可是我把孙小冬也得罪了。

我看着阳光下我长长的影子，突然很想问问它，问它是不是也感觉有些孤独?

## 7

我以为，我和董婧雯，和孙小冬不会再和好，我努力交新的朋友，努力寻找一个比孙小冬家还要好吃的羊肉火锅，可貌似这两样都不容易做到。我没有办法再找到一个可以为了我用水壶、冰激凌砸人的好朋友，也没有办法再找到更好吃的羊肉火锅。

可是我还是努力伪装成自己好像完全没受影响一样，继续没心没肺地笑，没心没肺地生活，似乎在宣告，我没有你们依旧活得很好。

一天放学，我和几个同学走到学校附近的街角，发现很多学生都围在那里，貌似有人在吵架，隐隐约约，我好像听见了董婧雯的声音，我急忙挤上前去，看见宋铭阳死死抓着董婧雯的胳膊不放手，一脸怒气地说："你想跟我分手，没门！"宋铭阳眼睛红红的，一身的酒气，应该是喝了不少。

董婧雯怎么都挣脱不开，周围却没有人敢上去解围，我觉得我不能就这样坐视不理，我拿出书包边的不锈钢水壶，悄悄走到宋铭阳身后，使劲砸了下去，宋铭阳痛得一下子松开了手，跌倒在地，我愣在那里不知所措，董婧雯冲过来抓起我的手喊："发什么傻！跑啊！"

董婧雯拉着我的手冲出人群，不知跑了有多远才停下来，我们两个大口地喘着气，看着对方狼狈不堪的脸，突然笑了起来，我们越笑越大声，笑得肚子都疼了也停不下来，街道上的人都奇怪地看着我们。

等我们笑够了，董婧雯对我说："佳佳，对不起，这些天我想了想，发现我有时候确实很自私，我真的不想失去你这个朋友。"

我不好意思地笑笑说："今天，我才发现，原来我也可以用水壶砸人。"

我和董婧雯就这样有些莫名其妙地和好了，宋铭阳酒醒过后来和董婧雯道歉，看见我没好气地说："同学，你差点给我打出脑震荡。"

董婧雯没有再去找车世超，也很少再提关于他的事情，董婧雯说她要洗心革面，好好学习。我也很少想起车世超，但却常常会想起孙小冬。

那次不愉快的谈话过后，我就一直躲着孙小冬，他到班级找了我几次，我都趴在桌子上装睡，后来孙小冬就再也不来找我了，在学校里遇见了，他就会低下头好像没有看见我。

和董婧雯和好之后，我突然觉得很对不住孙小冬，单凭着我蹭过的那么多的羊肉火锅，我也应该为他做点什么，比如，让董婧雯和他吃顿饭。

# 8

我第一次觉得做好事是这样让我坐立难安，我约了孙小冬吃快餐，但我没有去，去的是董婧雯，董婧雯在我的再三恳求下，同意见一见默默喜欢她的怂包孙小冬。

我想象得到孙小冬突然见到董婧雯，红着脸结结巴巴的样子，虽然知道董婧雯不会对孙小冬感冒，可我的心里还是有些难过，我坐在书桌前什么都学不进去，我想象着如果孙小冬明天对着我感恩戴德的时候，我应该怎样回应才比较潇洒。

我应该摆摆手，一副无所谓的样子说："这点小事儿，谢什么谢啊。"

可是第二天，孙小冬根本没来找我，亏我做了一晚上"谢什么谢啊"的梦，倒是董婧雯晚上放学憋着笑来找我。

"我说季佳佳，谁告诉你孙小冬喜欢我啊？"董婧雯一脸坏笑着问。

"他表现得很明显啊，一下就看出来了。怎么了？"我一头雾水。

"季佳佳，你这个大傻瓜。"董婧雯骂了我一句接着说："其实，我才是嫉妒你，男生喜欢我，只是因为我漂亮，他们从来不关心我是一个什么样的人，所以我从来都不珍惜，但是有人喜欢你的话，那只是因为那个人是你。”董婧雯真诚地对我说。

我愣了一会儿，反问：“你是说，孙小冬喜欢我？”

董婧雯拍拍我的肩膀说：“这就得你自己问他了。我先回去了，孙小冬说他在火锅店等你。”

我在原地站了半天，还是决定向孙小冬问清楚。

我第一次这么忐忑地踏进孙小冬家火锅店的大门，孙小冬看见我，依旧是笑着说：“嘿，季佳佳，你来了。”

我有些不自在，找了个角落坐下来，孙小冬很快就把菜上齐了，最后端来了一盘萝卜花，我仔细看了看，不觉大吃一惊，原来萝卜花上有字，淡淡的但是看得出是“我喜欢你”。

我指着萝卜花问孙小冬：“你都是这么追女孩子的吗？”

孙小冬摸摸头说：“上次追的时候，被吃掉了，这次就多做了几个。”

我想起那个被我吃掉的萝卜花，恍然大悟，然后和孙小冬一起哈哈大笑起来。

## 9

我相信，这个世界上，没有谁是谁的配角，我们都有存在的理由，都有一个合适的位置。就算有时候我们映衬了更优秀的人，那又有什么关系呢？

我不知道未来是什么样子，但是，我希望我成为一个作家，我希望孙小冬可以开很多家火锅店，我希望董婧雯永远是我最好的朋友。

# 六月游泳池

巫小诗

## 1

我所在的高中一直流传着这样一个说法，所有的大学都会在夏天开设游泳课，男女生在一个池子。这样振奋人心的消息，对于我这种芳龄二九连女生手都没碰过的人来说，简直是考大学的最大动力。

我们学校是市内唯一有游泳池的高中，但我们从来不开设游泳课，只有校游泳队的能在那训练，游泳池显得特别神秘。大家都是交了学费的，凭啥他们的钱可以打打水漂，我们的钱连水沫星子都看不到？

每当我提到游泳池，我的同桌饺子就会演技很差地暗生闷气，逼得我不得不违心地奉承她一点儿也不胖，刚刚合适之类的。是啊，大学的游泳课是男生的神话，同时也是女生的噩梦，像饺子这种，还真是有必要担心一下，如果学校统一发均码的泳装，她会不会穿出柯南一夜长大的感觉。

我跟饺子说过“饺子，你考上一本，我就送一套美到爆炸的泳衣给你！”

这当然是玩笑话，我们这样的班，考上本科就不错了，还一本，再说，即便考上了，也不是美丽爆炸，而是泳衣爆炸。不过饺子这人爱听好话，真假她才不管。

## 2

上初中开始，我就接受着严苛的等级分班制度，感觉自己像案板上的猪肉，盖上各种章。你，上等猪肉，送去五星酒店；你中等猪肉，送去超市；你下等猪肉，拉去菜市场。当然，最后可能因为酒店生意太好肉不够，嫌超市的太贵，然后礼贤下士地来到菜市场，发现了我们，这样的概率太小。当然，能被分类还算好的，就怕分类之前就得了流感，然后丢了命不说，连餐桌也上不了，岂不是更惨？

我们学校的高三占据了三层教室，楼层越高代表班级越好，记得韩寒第一本小说叫《三重门》，因为高一到高三有三栋教学楼，三栋楼有三个门洞，那如果我有幸能出本书的话，大概可以叫《三层楼》。不不不，不拿他作比较，他高二就休学了，我好歹已经读到高三了。

我的教室在四楼，廖亦晨在六楼，所有的高中都会有一个沈佳宜，廖亦晨就是我们学校的沈佳宜，成绩优异，美丽大方，清纯可人……所有赞美女生的词汇全用到她的身上都仿佛不够。我是很羡慕柯景腾的，虽然他最终没有娶到沈佳宜，但他拥有和她一起最美的时光，不像我，连话都没跟她说过。

廖的名字略微复杂，笔画也多，写起来麻烦，我喜欢叫她一晨，虽然从来没叫出口过。一晨虽高居六楼，与我们芸芸众生没有交流，但关于她的一切，早已洗礼到了低楼层的我们。

一晨不仅成绩好，长得漂亮，还是游泳健将，替学校摘了不少荣誉，据说可以作为体育特长生保送名校，但她并不想专职搞体育。

我周围有很多人喜欢一晨，可惜，我们这种偏理科的学校，柯景腾太多，沈佳宜明显不够用。男生们天天把她挂在嘴边，仿佛说出口就是自己的，真看不惯。

关于我喜欢廖亦晨的事情，并没有人知道，我从小就不喜欢跟别人一样，你们喜欢……我就偏偏不喜欢……这是我标榜自己与众不同的一种方式。

我喜欢写日记，把想说又没说出的话都写下来，这真的是很女性化的特点。我把想对一晨说的话都以书信的形式写在日记本里了，又怕有人偷看，为了掩人耳目，我把一晨再次简化为了一早，“一早，今天天气不错……”多像一个人在自言自语，何止是像，本来就是，呵呵。

## 3

我所在的高中，教学平平，管理却非常严格，简直是军事化管理，平民式教育，我父母怎么会把我送到这样一所学校，我又开始怀疑自己是否是他们亲生的了。

教学质量其实对我影响不大，因为我的注意力不在这上头。让我不爽的是，学校每天都要穿校服，男女居然是同样的款式。

晚自习，写完关于一晨的日记，心里空荡荡的，拉着饺子聊天。

“饺子，你会游泳吗？”我问。

“不会，小时候不敢下水，长大了，你知道的，哪好意思穿泳装。”饺子在我面前从不遮遮掩掩，我喜欢她这种半条汉子的性格。

“我就相反了，小时候会游泳，后来出了件事儿，有了阴影，就再也不愿意下水了。”说完我叹了口气。

“得了吧你就，所有不愿意做和做不好的事情，都可以用童年阴影来答复，不是吗？童年哪来那么多阴影……”

是啊，童年哪来那么多阴影。其实，没有那件事，我的童年简直是灿烂如阳光下奔腾的骏马，不过那事还真挺严重。

“大概在我九岁的时候吧，去我爸单位玩，我爸单位在近郊，附近有个大水库，水库边缘延伸到民居，看起来蛮温柔。我爸同事的小孩儿，小我两岁的样子，是当地人，拉着我去水库边玩石头，那些石头虽然丑，但都很有特点，才不像鹅卵石那一副软妹子的感觉。我捡石头的时候，那小子爬到岸边的木筏上玩，岸边嘛，多大点儿事，我没管他，谁知道那不是木筏，只是一排漂浮在岸边的木头，他一踩，他脚下那根木头就在水面滚动起来，一下让他栽进水里，岸边的水居然很深，他扑腾着，我吓尿了，是真的尿了！”

“然后呢？然后呢？他死了没？”饺子听得入神。

“有点爱心好吗？他死了我还在这？要是他死了，他父母刚好又不孕不育，我爹妈刚好又通情达理，把我给他们当儿子，我岂不是惨绝人寰？”

“别打岔！说下文！”

“下文就是，焦头烂额之际，我司马光附体，捡起岸边一根长竹竿，伸过去让他够，几次之后终于成功把他拉上岸，我们怕被家人训斥，彼此相约保密。我一守就是快十年！不过现在都长大了，这事说了也无妨。”

“嗯，是好险，我都捏把汗。哎呀，不跟你扯了，我是要考一本的人，你又浪费我半节晚自习！以后有话想对我说，就憋着，憋不住就写下来，你不是爱写日记吗？就写日记本里，我下课了再看。”

这……我不再作声，我的日记，都是为一晨而写，不是你有资格看的。

## 4

我前几天做了个梦，梦到一个空荡的游泳池，水很干净，有个美妙的身影在游泳，我看不清那个人的样子，我想应该也只能是一晨了。

因为那个梦，我越发想看一晨游泳的样子，想到无可附加。终于在今天，我翘课了，我想混进游泳馆，虽然那里戒备森严。训练的时候，这里的门是关闭的，中途居然也没人进出，我在门外的角落等得苍老了，终于在还有几分钟放学的时候，门开了，姑娘们穿着校服，领着衣物，头发湿软地出来了，像是集体去了澡堂，一晨在中间最显眼，不仅因为漂亮，还因为她发着光，她披散着头发，她披头发的样子我还是第一次见，真美。虽然没混进游泳池，但看到了一晨，课也没算白逃。

怎么，姑娘们和教练都出来了，没人关门？洞开的大门在召唤着我，即便里面没有一晨，我也想进去看看，毕竟这片领地太过神秘。我猫着身子进去了，游泳馆空无一人，我的脚步在馆内回响。

童年阴影让我不敢太靠近泳池，我在外围走着，脚下似乎踩到一个小东西，软的。我蹲下身子，是一根女生的橡皮筋，淡淡的紫色。是一晨的！一定是！她是披散着头发出去的！天呐，我居然得到了女神的橡皮筋，我闭上眼睛轻轻一嗅，仿佛闻到郁郁发香……

“小子！谁让你进来的！”我的美好想象被一阵呵斥召回，是校工大叔，我赶忙边道歉边跑开，手里攥着橡皮筋，像抓住了一棵救命稻草，脸上依然洋溢着幸福的微笑跑远了。

回家路上很幸福，看着自己的战利品般看着小皮筋。回家后，不知道放在哪里好，又想天天带着，又不想被发现带着女生的橡皮筋。然后绞尽脑汁，将皮筋在笔的末端缠了几圈，像一个高个儿的阿拉伯人，缠了一顶紫色的大帽子。不好，笔也不能天天握着，那什么东西每天都带着呢？我把自己从头到脚看了一遍，随身带的又不用换洗的就只有手表了，对！就这么办。我溜到老爸房里，偷了他的钓鱼线，将线从手表的扣眼里穿入，把橡皮筋藏在表带的里面，用鱼线固定，只要不细看，看不出来。加了橡皮筋的表有点硌得慌，我把表带扣松了一个，还算好受些。就这样，我每天都带着，仿佛她的秀发从我的指缝中划过，闭着眼睛，还能闻到发香。

## 5

饺子今天似乎真的生我气了。

今天晚自习，饺子突然发现自己的头发长长了不少，原来的“江姐头”现在可以揪出一个小辫子了。下课的时候，她闲来无事，把书架起来，立了一面小镜子，一会儿把头发梳成小马尾，一会儿把头发披散着，还不停问我，怎样好看？我说：“都不好看，你当自己是沈佳宜啊！”

她顿时停住了，把梳子和镜子都收起来，将一摞书堆到我们俩的桌子中间，然后趴了下来，一句话也不跟我说。同桌这么久，如此大动干戈还是头一回。

一直以来，打击她是我的一大乐事，因为她从来不生气，我甚至觉得她享受着我的戏谑，这使得她有存在感。可是今天一句话她就这么生气，为什么呢？左思右想了半天，似乎明白了。我的话大概有歧义吧，我说的是《那些年我们追过的女孩儿》里面的沈佳宜，并非我们学校的沈佳宜，没有人会生电影角色的气，但若是周遭的人，也许会心里不舒服吧。毕竟，在这所学校里，一晨是许多男生的梦中情人，也是许多女生的羡慕嫉妒恨。

毕竟是我的不对，我有必要脸皮厚一点儿。我洋洋洒洒写了张纸条，把事情解释清楚，然后从桌子下递给她。她接过纸条，依旧没有把桌上的书挪开，回了几个歪歪扭扭的字递还我。写的是“没什么，我只是那什么了，有点那什么，不想说话。”

她还是蛮大度的，知道给我台阶下。我跟她还真是默契，一句话全是“那什么”却依然能清楚地明白她的意思。

同桌这么久，她大大咧咧的习性，让我对她的什么都了如指掌，甚至生理周期，那几天我会监督她不吃辣不吃冰，因为她疼起来受罪的样子看了让人挺心疼的。饺子就是那种，每个月疼痛的时候都要发点毒誓，发誓再也不乱吃，再吃剁手。可到了下个月，要吃的时候，又会发誓，这是最后一次，上次发誓不算。

## 6

坐在最后一排的好处就是，即便还没下晚自习，依然可以猫着身子到饮水机处接水。我用矿泉水瓶接了瓶热水，递给饺子，让她暖暖肚子。她抬起头，无辜地看着我，脸上写满原谅，然后，我脸皮很厚地把阻隔我们的书搬开了。

“我们聊天吧，分散点注意力就不疼了。”

“行，聊什么呢？”饺子侧着头趴在桌上，手捂着水瓶，脸色看起来还算凑合。

我说：“聊理想吧！”虽然一说起理想，就免不了入俗套，但不得不说，聊理想是麻醉神经最有效的话题。

“好啊，你的理想是什么？”

“我嘛……我的理想是阶段性的，小时候别人的理想都是科学家、艺术家什么的，我觉得特别俗，我才不跟他们一样。那时候，我一心想当个消防员。”这理想一说出来，我自己都尴尬得笑了笑。

“消防员？！为什么啊？又是童年阴影？你家里着过火啊？”饺子简直是“为什么小姐”，一问起问题就发动连环攻势。

“不是，原因可比你想的简单多了。我小时候跟邻居哥哥一起比赛尿尿，他总尿得比我远，这事让我自卑了好久。后来亲眼见到一起火灾，消防员拿着消防栓对燃烧建筑喷水时，我感觉帅呆了，童年画面瞬间闪过，我一定要带邻居哥哥来看，他一定没这远，这是我见过最远的。所以我要当个消防员，就这么简单。”

“你……你小时候真是太可爱了！怎么越长大越刻薄。嗯，那你现阶段的理想是什么？”

“我现在的理想嘛，就是去北京上大学，没啥原因，就是想去北京。”这种话从我口中说出来，我自己都不信。当然，也只有我自己知道为什么，一晨必然会去北京的，上不了同一所大学，好歹可以在同一个城市，没准寒暑假还能一起回家，坐在同一节车厢，甚至同一排座位，或许还能告诉她我是谁。想到这些，不免有点小伤感，赶忙把思绪拉了回来。“饺子，你的理想呢？”

“我记得我说过吧，你居然忘了，我想开一家咖啡店啊。”

怎么几乎所有的姑娘理想都一样啊，真是想不通，蛋糕店、面包店、咖啡店，女生能不能梦想着开点别的店。人不可能光吃这些，还是需要有人去卖大米和煎饼果子的。

## 7

高三的每次月考后，学校就会贴出一张红榜，公布前一百名的名单，每次张榜的时候我都会去看，饺子总说我有病，我离名单的最后一个人都有着三位数的分差，我不回答，她不知道，我每次都是在看一晨的成绩。

五月，天气渐渐热了起来，橡皮筋上的发香被我的汗臭味熏得没了踪影，这给我一种不祥的感觉，似乎是一晨在渐渐离我远去。下晚自习回家后想到遥不可及的一晨，我感觉很燥热，脱了外套站在自家阳台上，顺手拿了本书开始大声读，也不记得读了什么，只记得远处窗子有个小孩儿在看我，那一刻，我感觉自己简直就是柯景腾，不过跟柯景腾比，我的肚子上多了一块合并了单元格的腹肌。

天知道我多爱以前的老房子，老房子没有防盗网，没有地理试题里能装太阳能热水器的合格楼间距，却有对面一排楼的多窗口显示屏，每次站在阳台上，我仿佛置身央视导播间，但我比导播间条件更好，我的每个显示屏都不一样。

终于，福利来了，虽然来得有些晚。最近学校新来了几个实力老师，唯一长得还不错的刚好分在我们班，她并不授课，只是当我们物理老师的小跟班儿，坐角落里听课，帮老师批批作业，还有坐班晚自习，有问题可以去讲台上问她。

她虽然穿着正统，容貌仍略有稚嫩，化点淡妆，走路一扭一扭，回头率颇高，短时间内，她居然打败一晨栖身男生话题榜首位。当然，我很能理解，毕竟是这种快高考的枯燥时期，在校园里见到一个不穿校服的妙龄女子，简直就是上帝的恩赐，男生们必然是要虔诚接受馈赠的。

好事者很快摸清了实习老师的底细，她姓余，比我们大不了几岁，是某二本高校的大三学生，专业是机械工程，暂时分到我校实习，本地人。我忍不住伤感了，二本的大学生都只能沦落到我们这种欠发达城市的非名牌高中的三流班级当实习老师，那我即便去了首都，读个专科又有什么用呢……

## 8

小余老师倒是颠覆了理科女的一贯形象，长得不错，还开朗幽默。她才坐班了第二个晚自习，同学们就把她当自己人了，她倒也给力，晚自习时，趁着训导老师不晃荡的时候，就跟我们聊聊闲天，看得出，她当年读高中时也不是个本分的学生。

“咱班上一共多少人？多少女生？”小余老师问班长。

“六十二个人，十四个女生。”

“那男女比例很不错啦。你们知道我班上吗，三十九个男生，三个女生，男女比例十三比一，人送女生外号‘十三姨’！”全班都哄堂大笑起来，她做出嘘的手势，示意大家安静，“低调点大家，不然把训导主任引来了就不好了。”

“你们对大学生活大概很憧憬吧？有什么想问的可以随便问我，我懂的都会回答你们。”小余老师抱着手臂，一副大家放马过来的样子，挺可爱的。

很意外地，教室居然瞬间安静了下来，气氛有点严肃，似乎大家都想从脑子里的毛线团中扯出一根完整的丝，然后打成一个幸运结，系在上学的单车上。

“老师！你学校游泳池大吗？”一个弱弱的声音，打破了死寂，也喊出了我的心声。而此时，我心里却默默祈祷着“求别说，求别说没有游泳池，求别打破我的幻想。”

“有吧，不知道呢，我比较宅。”这样的答案，几乎没有透露任何讯息，但我似乎还算满意。

游泳池的问题像引线般点燃了大家的热情，教室里爆炸了一般。

“老师！宿舍里可以养狗吗？”

“小余老师！大学女生每天都要化妆吗？”

“你有男朋友没？”

“大学生当家教很赚钱吧？”

……

“怎么回事！”

惨了吧，问题还没答呢，爆炸的热情先把训导主任惹来了，“整栋楼就你们班最吵！自己不读书还影响别班同学！”他怒斥完我们，把头转向小余老师“你出来一下！”小余老师乖乖地跟出去了，出门的时候还不忘扭过头来朝我们做了个鬼脸，可爱至极。

据说，学校里也没怎么处罚她，毕竟是新人嘛，还不懂规矩。不过从此以后，小余老师就不再替物理老师坐班了，都是物理老师自己来，毕竟，把实习生当免费劳动力来坐班晚自习本来就不对，加之实习生又闯了小祸，他自己也是有责任的吧，心虚了不是。

校园里还是偶尔能看到小余的身影，课间兴许还能被我班男生拦在走廊上扯皮一阵子，不到上课不放她走，然后看着她，匆匆忙忙跑远，头发和裙摆一起飘扬，像小孩儿一样。

我记性不好，于是有回看日记的习惯，有时候，看着看着，越发觉得这些经历好陌生，然后就会毛骨悚然，觉得自己是一个偷窥者。

今晚，我同样毛骨悚然了，却不是因为健忘，而是……我发现，近期的日记，频繁出现的是小余老师，而关于一晨的部分，却一句话也没有。

我似乎对小余老师有了好感，那种好感，跟对一晨的不一样，没有距离，不用踮起脚，伸手就能触碰到，我对她的世界充满好奇，却不畏惧，她对我也有说有笑，仿佛，已经认识了好久般……我没有再往下想，一种强烈的羞耻感涌上心头，那是一个背叛者对于灵魂雇主的愧疚。

我撕掉了这几页日记，这是对我自己的惩罚。不过幸好，我不用再愧疚了，高考要来了，小余老师会离开，我也不会再写日记。

## 9

铃响，起立，出考场。真的就这样结束了，感觉跟我想象的不一样。

看到操场上哭泣的饺子，她说自己理科综合没涂答题卡。不知道怎么安慰她，我能说咱们这样的成绩，涂和没涂差距不大吗？

狂欢，回家，睡觉。一切平静得有些可怕。

出成绩了，我分低得可笑，只能去三流城市的三流专科；饺子是班上唯一一个考上二本的，她涂了答题卡，命中率还挺高；一晨发挥得并不好，比平时水平差了少说五十分，她留下来复读了；而小余老师，我好像已经把她忘了。

暑假，我来学校领那个可有可无的录取通知书，校园跟我离开的那天比没有差别，只是此时的我可以穿着裤衩和拖鞋大摇大摆地走进来。班主任说，饺子录到了北京的二本，我说："哦。"不知道她的大学会不会有游泳池，反正我的没有。

正是上课的时间，高三的孩子，已经开课有些日子了。我走上六楼，挨个教室寻觅着一晨的身影，上课注意力不集中的学生看着我，像盯着一个农村来的家长，而我看着他们，像看着曾经不争气的自己。一晨坐在窗边，低着头看书，我还是能像往常一样，从人群中看到她，因为她一直都是发光的。她没有因为我在注视着她而抬一下头，她可能到现在都不知道有我这样一个人的存在，那又怎么样呢，她最美好的时光，已经被我爱过了。

我在窗户外站了好久，想了好多，越盯着她看，感觉越陌生。我都不知道自己对她到底是什么样的情愫。世界上怎么会有我这种人，喜欢一个人，整天告诉自己有多喜欢她，整天喊着要为她考去北京。可是，却没有为配得上她，做过任何努力，这就是我，一个卑劣的暗恋者。

我转过身，慢慢地走了，或许我该回一下头，可惜我没有。

## 10

老爸给我买了一块手表，本来是打算录取大学的时候作为奖励给我的，现在这个样子，他也还是给我了，毕竟，录取了很烂的学校，也勉强能叫录取吧，奖励实在说不通，就算是给个手表，当作饯行礼物。手表牌子我不懂，看着挺高档，就是戴起来不舒服，好像，我已经，习惯被橡皮筋硌着了。我把那只捆着钓鱼线，表带已被轻微染成紫色的旧手表塞进了储蓄罐，我的储蓄罐没有出口，放进去，就永远在里面了。

离开家之前，要好好收拾一下。那些再也用不上的书就不用留了吧，我把一本本教材摞起，如此之新，大概能卖个好价钱。哦，对了，日记本不能卖，我把它从课本里扒了出来，真是对不起了老兄，差点儿就让你跟课本之流一样遭罪了。高考完就没拿起过笔，更别提写日记了，天天游戏聚餐，不空虚无聊，谁还写日记呢。

随便翻了翻，却没有了从前那种偷窥者的感觉，而是一种俯视感，俯视着那个不久前还天真可笑、矫情做作的自己。等一下！这是……饺子的字……我在最后一页呆住了。

对不起，我偷看了你的日记本，不止一次，我无意窥探，只是在等，自己名字出现的那一天，可惜，还没等到就毕业了，我幻想，被撕掉的那几页，是关于我的。我肯定是得不到你送的泳衣了，那，暑假，能一起学游泳吗?

我关上日记本，闭上眼睛，却看到，游泳池的水涨潮了，淹没了整个夏天。

# 集邮册里的小秘密

# 邮　　差

zzy 阿狸

高一那年的暑假，学校拖拖拉拉，整整比Y市的高中迟放了一周。好吧，留我们在学校没什么，上上课拓宽一下知识面也就算了，可竟然让我们自习，偶尔再放放电影，这样的学习比在家里睡觉强很多吗？

许小呆愤愤地向他的爸妈投诉学校的种种不是，待他发泄完，他爸依然目不转睛地盯着电视对他说："我还真的觉得比留在家里强，这么大个子了，啥都不帮着做。"许小呆撇撇嘴："我能力很强好不好？是没地方发挥罢了。"

许小呆他爸是一名邮差，开着一辆摩托车，车的后座扛着两个绿色的大包，每天早上穿上绿色的衣服，戴上绿色的帽子，就开始了一天的工作——给这个小镇的人收发信件。掰着手指算一算，他干这行有二十多年了。

有天晚上，许小呆又和他爸吵架了，他爸刚想教训一下他，却“哎哟”一声叫了起来，当然不是许小呆出的手，那时候许小呆正想找地方躲呢。原来他爸腰疼起来了，许小呆小心翼翼地问：“爸，你没事儿吧。”他爸叹了口气说：“还不是你这臭小子给气的。明天我还得送信啊，现在这样咋办？”许小呆拍拍胸口说：“怕啥呀，我帮你送不就是了。”他爸眼看工作找不到人替，干脆让许小呆“接班”好了。

第二天清晨，许小呆早早地起了床，把他爸的装备往身上一套，衣服帽子虽然是大了点儿，不过不至于很难看。可许小呆不会骑摩托车啊，没办法，只能用单车来送了。临出门，他爸语重心长地交代他不要出差错。许小呆摩拳擦掌，满腔热血地说：“放心呢，现在起我就是一名光荣的邮差啦。”说罢，许小呆屁颠屁颠地骑着单车赶往C镇的邮局领取信件。

邮局的叔叔见到许小呆这模样，忍不住笑了，因为许小呆他爸已经给叔叔打过招呼，所以他只递给了许小呆三封信，“一定要完成任务哦！”

许小呆的工作就此开始。许小呆对C镇很熟悉，所以很快就把两封信投递成功了，剩最后一张明信片。收件人是林小鹿。介绍下林小鹿，她是许小呆的青梅竹马兼同学，当然除了后一个身份林小鹿是承认的外，青梅竹马不过是许小呆的自以为是。许小呆飞速地扫视了写在明信片后面的内容，大概如下：

镇上的星星把梦照亮，是否温暖了你的思念。

许小呆心里咯噔一下，林白是学校里的一个帅哥，这分明是情书！许小呆心里有点儿难过，原来青梅要的是骏马而不是竹马。时间自动拨回到高一下学期的某个下午。

那天下午放学后林白帅气地站在教室门口，惹来了无数花痴的目光。许小呆对长得比自己帅的人不屑一顾，刚想约林小鹿一块回家，还没开口，林白说了几个字："林小鹿同学，能和你一块儿回家吗？"许小呆的脸瞬间发热，眼睛很不安地看着正在收拾东西的林小鹿。林小鹿头也不回地说："好啊，走吧。"许小呆突然觉得有什么东西在心里碎了。

往后几天，林白没有再往教室里来，许小呆纳闷得很，不过不来是件好事。许小呆又有机会每天和林小鹿称兄道弟搭搭肩膀回家了。

许小呆本着敬业爱岗的精神，还是停下了自行车，没好气儿地叩门问道："林小鹿在家吗？我是来送信的。"连敲了好几下也没人回应，许小呆想走了，可又觉得剩下一封不成功投递是要给叔叔笑话的，所以他继续敲门。两三分钟后，门开了。出现在许小呆面前的是一个蓬头乱发的女孩儿，正用极其厌恶的眼神盯着他。许小呆露出可爱的笑容，说："林小鹿，这是你的明信片。"林小鹿看了看寄信人一栏，一脸厌弃地说，“我不要！”许小呆有点儿慌乱，因为她的态度和前两位收信的阿姨完全不同，他坚定地说：“请你收下！”“嘭”的一声，许小呆睁大了眼睛，没想到碰了一鼻子灰。

许小呆心里头有点儿失落又有点儿窃喜，失落的是今天的任务完成不了；窃喜的是，林小鹿拒绝收林白的明信片。林白是花心大萝卜，哪儿适合林小鹿？许小呆在心里想。

那张明信片让许小呆心里不安。因为他没有把明信片退回邮局，而是把它带在了身边。毕竟是帅哥的明信片，许小呆不想让林小鹿因为收不到而难过。之后的几天，许小呆都带上给林小鹿的信，继续邮差这个身份。要送的也不多，却花了很多时间。原来在许小呆蹬着自行车在小镇里穿梭的时候，每每要绕到林小鹿家的那条街道，他总是骑得很慢，眼睛看似很随意地张望，可目标只有一个，那就是林小鹿的家。有几次都快要撞到树了，他还是不知悔改。许小呆嘴上安慰自己说：“我只是怕她哪天想要那张明信片了，我好马上给她。”可他心里头明白，他多不想林小鹿收下那张明信片啊。

有一天晚上，当许小呆一如既往地坐在床上思考人生的时候，他突发奇想为什么自己不给林小鹿写一张明信片呢。他从抽屉里找出一次和同学一块买的龙猫明信片，拿起笔认认真真地给林小鹿写起了明信片。许小呆把林白的那一张明信片和他自己写的明信片都放在了绿色大包的一个暗格里，久而久之，他也忘了这事儿。

可该来的还是会来啊。有一天，当许小呆一如既往地绕到林小鹿家的时候，林小鹿出现了，并且向许小呆索要林白的明信片。许小呆一脸尴尬地说："早已经退回去啦。"林小鹿二话不说就往绿色大包里找，许小呆眼看要出事儿，想灰溜溜地跑掉。林小鹿喝住了许小呆，她晃着手上的明信片问许小呆："那这是什么？"许小呆无奈地摆摆手说："好吧，我是给你留着了。"许小呆没好气儿地说："林白是你男朋友吧？"

林小鹿突然大笑起来，许小呆追问："笑什么呀你？我告诉你，林白不是一个好人，你还是趁早和他掰了。"林小鹿笑着说："你说的是学校里的那个林白吧？上次我已经给他说清楚了。还有，就不许有人同名同姓吗？林白是我哥，他在G城念大学，暑假无聊给我寄了张明信片，前几天我和他赌气，所以没收。"

许小呆还没反应过来，林小鹿拿出了那张龙猫明信片，一脸坏笑地问许小呆："许小呆，这是什么呀？"许小呆心想，坏了，我还没做好准备呢！看着林小鹿一脸等看看笑话的模样，许小呆知道自己没法躲了，低着头，支支吾吾地说："其实……我……我……喜欢……你……"几辆货车鸣着喇叭正好经过，那时候林小鹿和许小呆隔着两三米的距离，林小鹿把手拱在嘴边，冲许小呆喊："大声点儿，我听不到！"许小呆似乎用尽了全身的力气，闭着眼睛大喊："我说，我许小呆，喜欢你，林小鹿！"

在闭着眼的时候，许小呆脑海里闪过了许多画面——

社会实践时，他偷偷瞄坐在大客车后座的林小鹿，被同桌嘲笑“许小呆你眼睛有病吗”；校运会时，林小鹿给他的奶茶他舍不得喝，一直冷藏在冰箱里，直到变质才扔掉；听到林小鹿无意间提起另一个男生的名字时，许小呆一夜失眠；每次上网，许小呆都得把林小鹿的QQ空间看好几遍，生怕错过了她的心情……

原来喜欢一个人是这样子啊，傻乎乎地做了很多事，却不敢让对方知道。我努力靠近，却怕打扰了你。

可是，许小呆怎么会知道，林小鹿又何尝不是这样。

社会实践时，林小鹿软磨硬泡才求同学让给她许小呆后座的位置；校运会时，握着奶茶，又不敢贸然地递给许小呆，想了好久才一脸不屑地说：“许小呆，奶茶买一送一，请你喝好了。”闺密们抱怨她林白多帅啊，怎么给拒绝了，她知道她的心里头只有许小呆；林小鹿不断地在空间更新心情，是希望能够引来许小呆的注意……

“我说，我许小呆，喜欢你，林小鹿！”

林小鹿听完后眼泪“哗”地流了下来。

那是傻乎乎的许小呆说过的最笨拙最傻帽的表白。

那是刚成年的林小鹿听过的最简单却最动人的话语。

林小鹿手里握着的龙猫明信片，后面有许小呆认认真真写下的：林小鹿，你是我心里最亮的月光。自从有了你，连星星都显得多余。

# 扑倒呆竹马

布小袄

## 1

我承认，林智宇的确长得很帅，成绩也不错……可是，这些都是表象，实际上，他又呆又傻又不解风情。所以，姑娘们，请你们一定要擦亮自己闪亮的大眼。

“智希，能不能，能不能……帮我把这封情书带给你哥哥？”女孩儿含羞带怯地将一封带着水蜜桃香味的粉色信封递给我。

又来了，这已经是这个星期的第八封了，我！要！罢！工！

深呼一口气，我推回她的手，面带微笑地缓缓说道：“张舒雅同学，第一，我们并不是很熟，所以我没有帮你带情书的义务。第二，大家都是大学生了，请不要还像小学生一样幼稚，喜欢就自己去跟他讲呀。第三，想做我嫂子，必须先过我这一关，很遗憾，你已经被pass了。”

说完，我拎起包抬脚就走，背后传来几位“正义女侠”的谴责声。哈，不用想，张舒雅现在一定是一副梨花带雨、我见犹怜的样子。最见不得这种女生，动不动就眼泪巴巴的。实际上，那心长得跟莲藕似的，全是眼，让我看着就想帮她再戳几个上去。

走廊上，一个挺拔帅气的男生倚着栏杆，不少走过路过的陌生女生热情地和他打招呼，他居然还微笑着一一回应，放眼望去，整层楼的雌性荷尔蒙水平都在飙升，看得我心里直发毛。

我啪一下把包砸到林智宇身上，没好气地瞪他，“大哥，不知道我们播音主持系的女生饥渴呀，还站在这里耍帅！你是来接我的，还是来泡妞的呀。”

“小希。”他拎着包追上我，一本正经地回答，“我是来接你的。”

看着他这副几棒子打不出个闷屁的死样子，我只好作罢。转念想起周末的聚会，便临时决定去买裙子。

“怎么突然想起买裙子？不是已经有很多了吗。”唉，男生是永远都无法理解我们女生“总少那么一件衣服”的忧郁情结的。

“我们班下周末要和你们班联谊呀，你可不希望你妹妹穿得破破烂烂的去吧。”

## 2

学校离商场有四站的距离，公交车上没有空位，但站着的人也不多。大概第二站的时候，上来一个老奶奶，站在一个壮汉的座位旁边。那男的像没看到一样，也不让座。我刚准备开口教训他，一只大手就捂上我的嘴巴。“唔唔……”我口齿不清地抗议，使劲扳林智宇的手指，却被他按得死死的。

“别惹事。”他在我耳边小声说道，把我气得直跳脚。这小子，就是胆小怕事，一点儿男子气概都没有!

过了一会儿，车子突然一个大转弯，老奶奶没站稳，慌乱之中，抓上男人的肩膀，那大汉一把将老奶奶推开，骂道：“脏死了，死老太婆……”

这人怎么可以这样，我冲上前去指责他，“你个大男人，居然欺负老人家。嫌脏是吧，还有更脏的呢。”说完，我把手中没喝完的芒果汁泼在了他身上。

男人顿时发飙，恶狠狠地瞪着我放狠话：“你敢泼我？”抡起胳膊就要打我。一米八的大个壮男和一米六的瘦弱女生，这视觉上一强一弱的巨大悬殊，把车上的人都吓坏了。

不过，我林智希可是自幼习武，对付这种水货，连招式都用不上。三两下就把他制服，打得他老老实实地跟老奶奶道歉。

“小希，你这个样子，总有一天要闯大祸的。”下车后，林智宇一直在我耳边聒噪，烦死人了。

“嘿，你还说起我来了，刚才怎么不帮我呀。要是遇到一个厉害的，把我打伤了怎么办？”我一拳打到他肩上。

“他又打不过你，为什么要帮忙。”

说你呆，还咬指头流口水是吧。“这不是打不打得过的问题！这是……是……反正就是要帮忙。”我想了半天，也说不出个所以然。突然抽一口冷气，龇牙咧嘴地惨叫：“哎哟。”

“怎么了？是不是旧伤复发？”他赶紧扶着我，紧张起来。

“好像是刚刚打架的时候扭到脚了，谁叫你不帮我的，背我。”我乘机耍赖。

我伏在他肩头，挠他痒痒，问：“智宇，你为什么对我这么好呀？”

他不假思索地回答：“因为你是我妹妹呀，乖，别闹。”

只是因为，我是你妹妹吗？

## 3

逛完街，回到宿舍，鞋子还没换下，可欣啃着苹果就问："你怎么把张舒雅得罪了？那帮女生在群里议论你。"

"她让我给我哥递情书，我不干，说了她几句。"我无所谓道。

可欣恨铁不成钢地把苹果核砸过来，"脾气冲，还缺心眼，你呀，早晚得栽在这种女生手里。"

"切，大不了打一架呗。"

可欣扶额，用沉重而怜悯的神色看着我。

"谁叫你不把你和智宇哥哥的关系跟大家说明白，别人都以为你们是兄妹。"小均把硕大的脑袋从床上探出来，一头黑色长发诡异地飘在半空中，把我吓了一大跳。"智宇哥哥"四个字还说得暧昧无比，听得我牙都酸掉了。

"说什么说，本来就是兄妹呀。"我把裙子换上，站在镜子前臭美，"呦，这小妞是谁呀，怎么就这么靓呢？"

她们齐唰唰对我翻了个白眼，瞬间归位，看电影的看电影，睡觉的打呼噜，不再理我。

谁说名字差不多就是兄妹呀，我们两家都姓林，我和他刚好都是“智”字辈，父母又都很传统，所以两个人就有了差不多的名字：林智希、林智宇。也罢，打小开始，只要不解释，所有人都会以为我们是兄妹，后来，便连解释都省了。

## 4

室友担心的没错，惹上张舒雅这样的女生，简直要人命。第二天，全班人都知道我昨天欺负她了。原本，这种议论过两天就会风平浪静，但是，不知道谁拍到张舒雅和林智宇约会的照片。于是，事情又有了新的版本。

我再一次被推上风口浪尖，以恶毒女配的身份出现在这场郎情妾意的偶像剧中，嗯，我还有一个身份——爱兄成狂的乱伦女主。

“张舒雅和林智宇真心相爱，你凭什么把张舒雅骂哭？林智宇是你哥，你怎么还会有那么龌龊的想法？”又一个来质问我的女生。

出乎我意料的是，张舒雅居然主动约我，又在搞什么。

下午，西边小树林，空无一人，张舒雅站在我面前，娉娉婷婷像一朵娇弱的水莲花，风一吹就要歇菜。她不说话，我也不说话，我倒要见识一下，她能凭空说出什么花儿来。让我没想到的是，还没说一句话，她突然就给了我一巴掌。什么，跟我动手？我顺手就回了两巴掌给她。

她捂着脸，眼泪哗啦啦直冒，难以置信地看着我，眼中尽是伤痛之色，“智希，为什么？为什么？告诉我，我到底做了什么，让你恨我到如此地步？”

丫以为她在演“琼瑶剧”呀，“你神经病！”我转身就走，她又拉着我的胳膊哀号，“智希，原谅我好吗？我……我再也不接近智宇了。”那忍痛割爱的小眼神，演得真是太像了。

“原谅你？别以为你背着我做的那些小动作我不知道，给你脸不要脸。”我撂下这话就走，一刻也不想和这个疯子多待，神经病杀人不犯法，我一青春美少女犯不着惹她。

## 5

事实证明，我还真是个傻蛋，被人玩得团团转。当林智宇当面质问我的时候，我才明白张舒雅演那出戏的意义。

视频里，张舒雅截掉一开始她打我的部分，在不知情的人看来，就是野蛮的我毫不讲理地上去把柔弱的她扇了两巴掌，在她降低姿态苦苦求我原谅的时候，我却不通人情，狠狠地将她推倒在地。

“智宇哥，不要怪小希了，我也有不对的地方。小希已经说不喜欢我了，我还偷偷和你吃饭。”她局促不安地咬着手指，声音断断续续好似愧疚不已。看着面前那个假惺惺的女人，我真想代表月亮消灭她。

但是，纵然她有把稻草说成金条的本事，只要我稍做解释，林智宇肯定信我。

“智宇，是这个女人她先……”谁知道，我刚开口，林智宇就斥责道：“小希，跟她道歉。”

我愣愣地看着他，眼中苦涩，不知是委屈还是害怕。

他居然……生气了？我只觉得好笑又觉得悲伤，心中一时冰冷冰冷的。

之前，我是有机会向他揭开张舒雅的真面目，告诉他这段时间我受了多少委屈。但是，我没有说，只是因为，我觉得，他是信我的，解释这种东西，只是多余。现在看来，我还真是可笑。

如果我真的想要打人，她张舒雅还能好好地坐在这里吗？

在林智宇看不到的身后，张舒雅嘴角含笑，手指缓缓搅动着咖啡，像个矜持的公主，以胜利者的姿态倨傲地看着我。那神情，仿佛在嘲笑：“林智希，你看，纵使是十几年的感情，在我面前，不过一堆垃圾，分文不值。”

这，或许就是青梅竹马的意义，不过是用来让另一个女孩儿糟践，以此来表达他对她的真心天地可鉴。那我，又何必在这里自取其辱呢？

“对不起，张舒雅同学，我错了。”我的语气诚挚而卑微，听不出一丝破绽。

“小希……”他的表情有柔软的痕迹。

“那我自己打自己一巴掌，您看可以不？”我微笑地看着张舒雅，出奇的镇定，智宇出手想要拉住我，我避开，一巴掌火辣辣地打在自己脸上。

“祝福你，林智宇。”转身离开，泪水汹涌而下。

## 6

盛夏，日头毒辣辣的，像要把人烤焦。一个人走在路上，脸疼手心也疼。

回到宿舍，我扑倒在床上，把头埋进被窝，做鸵鸟状。脸上火辣辣的，后悔呀后悔，刚刚怎么忍心对自己下这么狠的手，这可是我自己的脸呀。

醒来的时候，天已全黑，肚子咕咕作响，只好上街吃饭。

走到楼下，宿管阿姨喊住我，一脸暧昧地咧着嘴笑：“你男朋友一直在等着你呢。”这个无八卦不欢的阿姨！

本来以为是来给我道歉的林智宇，谁想到，居然是以前偶遇过几次的交换生，建筑系的谷以安。看到我，他飞快地扑过来，满脸喜气地握着我的手瞎激动：“小希，你终于和他分手了，太好了！”

“别别，老兄，我们没有这么熟吧。”再说，什么分手，姐还没恋呢，乌鸦嘴。

他大大的眼中满是莫名的火热，“小希，我是你的男朋友以安呀。”看着他一脸正经的样子，我想我八成是穿越了。

看我半天没有反应，他焦急起来，“就是，那个胖乎乎的谷以安呀。”他边说边比画，我这才恍然大悟，他竟然就是我小时候交的那个小男朋友。可是，我上看下看，三百六十一度全方位透视地看，也没发现这两个人有什么相像的地方。

十二岁那年，我十分鄙视林智宇那一身的小排骨，扬言要找一个比他壮上十倍的壮汉，把他打得满地找牙。于是，就找了班里最壮的，胖到眼睛都眯成一条线的胖墩儿。可是，眼前这个……

“没整过吧？”我掂掂他的下巴，又摁摁他的鼻子。

“怎么可能？我这种，一般美容院还整不出来。”小样儿，还挺得意。

谷以安告诉我，父母离婚后，他跟着母亲从老家搬走，并随妈妈改了姓。

“那次，我在图书馆遇到你，简直不敢相信自己的眼睛，这就是缘分，缘分呀，小希。”食堂里，我边吃面边听他的慷慨陈词。

所谓冤家路窄，正是如此。吃完饭，回宿舍的时候，恰好碰到林智宇送张舒雅回来。他们两个站在女生宿舍的楼下，说着什么。

林智宇看到我，急急向这边走来。我猛地转身，抱住谷以安，谷以安一时没有反应过来，身体僵了僵。看到相拥的我们，林智宇的脚步微微一顿，接着又加快步伐走到我们面前，把我从以安的怀里拽出，满眼都是压抑的怒意，半晌无言。

我催道："有话快说，免得我男朋友误会就不好了。"

他似有千言万语，眼中波涛汹涌，"小希，你开心吗？"

"当然，我和以安在一起，开心得不得了。"我灿烂地笑着，语气轻快。

"那就好，我就放心了。"

你凭什么放心，凭什么连一句挽留都没有！我用力甩开他的手，头也不回地走了。

他并没有追来，上演一番凄凄切切的离别戏。这是意料之中的，他从来都是这么理智，从不冲动，理智到呆，让人无法忍受。

## 7

那天开始，谷以安便高调地追起我来。陪我吃饭、陪我上课、陪我自习。然后，他仅用三顿麦当劳就把我宿舍的姑娘们全部收买，个个儿见到他都乖乖地叫姐夫，那声音，甜得跟蜜糖似的。太没节操了，我鄙视她们！

凭我林智希貌美如花、聪慧可爱、能文能武，难道只值三顿麦当劳？至少……那也得是四顿呀！

好几次碰上林智宇，我便拉着谷以安躲开。我不知道自己到底在别扭什么，只是单纯地不想和他说话。

很快，两个班联谊的日子到了，我原本觉得尴尬，并不想去。无奈，谷以安从室友那里得来消息，硬是要我带着他去。他带给我一条粉色的裙子，配着晶莹剔透的项链和精致的高跟鞋一起送来。穿上它，如同城堡里一位美丽的公主。

“天啦，简直是化腐朽为神奇。”包厢里，有人夸张地说，还特意把眼睛瞪得跟铜铃一般。我一拳打过去，“说谁是腐朽，额？不想活啦。”

“啊，露馅了吧，穿得人模人样，实际上就是一牛鬼蛇神。小心姐夫不要你了。”舍友接嘴。

“他敢？”我装出瞪谷以安的样子，他拉着我，半嗔半笑着说：“为夫不敢，二十四孝男朋友第一条：永远爱着女朋友。”

我掐他的腰，“就你贫！”

人三三两两地又来了许多，张舒雅和林智宇一起进门，俨然一对金童玉女。见他们进来，舍友突然故意放大音量，“小希，你这件裙子真好看，姐夫，你的眼光真好。”又不知脸色地凑到林智宇面前问，“智宇哥，你觉得以安送小希的这件衣服好看吗？”

智宇点头，张舒雅的脸色一沉。气氛有些尴尬，但这个小插曲很快就被大家的欢声笑语湮没。

我和几个朋友一起玩牌，以安坐在我旁边看着。智宇走过来，对我说：“小希，出来一下，我有话跟你说。”

我还没说话，就被以安抢白，他挑衅地直直看着智宇：“林智宇，你有什么话，不能当着她男朋友的面说？”

“对呀，林智宇，有什么话，当着大家的面说，免得一个不小心，被有心人算计，我连哭都没地方哭。”我意有所指，语气中带着几丝讥讽。“小希，你和舒雅一定是有什么误会，其实，她是一个挺不错的女孩儿。”

“嗯，是很不错呀，所以，祝你们幸福。”

他急忙解释，“我和她只是朋友关系。”

“我管你们是什么关系。”

“小希，你一个女孩子，脾气要收敛一点儿，棱角太利，很容易受伤。”

“你是我谁呀，凭什么管我。”我不耐烦地翻他一眼，不再理他。

## 8

十八岁生日如期而至。

中午，大家一起在酒店为我庆祝生日。吃过饭，大家知趣地离开，留下我和以安过二人世界，以安开车带我去兜风。

“想去哪里？”谷以安一向都尊重我的意见。

“海边吧。”

我站在沙滩上，海面在夕阳的余晖下映上一层神秘的光芒。其实，我一直都有一个愿望：希望在十八岁生日的时候，在海边有一间小木屋，和最爱的人在屋里相依而坐，听海浪击打沙滩的声音。但是现在，突然觉得没有动力去实现它。

“以安，你看，那个像不像……”我扭头，却发现，以安他不见了！

他肯定不可能把我一个人丢在沙滩上，难道，他是被鬼抓走了？天色已经有暗下去的趋势，大海安静的有些诡异，地上，有不明的黑影晃动。

我慢慢地走着，谨慎地观察着四周，就在这时，不远处的一个地方突然亮起来。太诡异了，我忐忑地走近，才发现，那原来是一个精致的小木屋。

推开门，我呆呆地定住。房顶，满满地吊着黄色的蔷薇花，对面的墙上，写着，“小希，我爱你。”房里，手工的木制家具，田园风的布艺，和我童年时所憧憬的一模一样。

然后，林智宇从木桌后站了起来，他紧紧地抱住我，语气颤抖地问：“小希，你愿不愿和我在一起，以女朋友的身份。”

我能听到，自己的心在狂跳不已，连呼吸都紊乱起来。我推开他，“不要。”他的眼神一下子暗淡无光，像是没有星星的夜空。我调皮一笑，踮起脚，吻上他的嘴唇，“不要才怪！”

窗帘后面、小木床下面、木椅后面，突然涌出一帮人，他们尖叫着、欢呼着。林智宇又加深了那个吻，像是在宣告着自己的所有权一般。

以安也对我们献上祝福，笑着说：“一开始，我就知道自己没什么希望。不过，只要你幸福就好。”

真正看不透自己的，只有自己。

# 第十二个路灯下的榴梿男孩儿

七　友

榴梿和陈欣在我心里是画等号的，因为我最喜欢榴梿的时候，他一直都在。

## 1

高一开学的第一天，我就知道班上有个叫陈欣的男生，名字起得可秀气了。

那天点名点到陈欣的时候，班主任愣了一下。原因很简单，原本学籍卡上写着性别女的陈欣竟然是一个男生。

我觉得有点好笑，有点滑稽，我还是第一次听说有人性别搞错的，这对父母起的名字也是够逗的。

等到一切都弄清楚以后，班主任一本正经地对我们说："每个同学等会下课都来我这里看看性别有没有错，不要像这位陈欣同学一样性别被填错了。”

全班哄然大笑，所有人的眼神都飘忽不定地全班转悠，都在找哪个是陈欣。我朝周围看了看都没发现有谁的神情是有点“诡异”的。但是很快陈欣被自己以前的同学出卖了，那个男生表面淡定，实际上用左手偷偷指着他，一副快忍不住笑意的样子，我觉得他憋笑憋得很辛苦。

哦，他就是陈欣。有点儿瘦，看起来挺斯文的。而那天下午重新安排了座位，陈欣成了我的同桌。

刚坐在一起的时候，陈欣一副翩翩少年彬彬有礼的模样，下课也不闹腾，就安静地翻着还带着墨粉味儿的新书。我还挺喜欢这个同桌的，话少，安静。我初中的同桌是个话痨，太吵。但是很快我就发现根本就不是我想的那样，他不仅话多，而且压根就是一个小痞子，一个隐藏在斯文外表下的小痞子。

没过多久陈欣就开始原形毕露，总是絮絮叨叨地跟我说为什么他叫陈欣，从小到大有多少老师想提问个女生结果叫到他。

我就问了他一句话：“为什么刚开始的时候你那么安静？”

他一听就笑了，“那是我还不了解你，还以为你高冷啊！我怕你揍我！”我瞥了他一眼不理他。

陈欣总是喜欢做些无聊的事。比如突然拿走我正在看的书，然后嘻嘻哈哈地笑着说：“许开冉，都高中生了，怎么还是这样一副小学生死读书的样子。”

“你管我？”我白了他一眼，然后就趴着不说话。

“别这样嘛，我们好歹是同桌。”他像变戏法一样地拿出一包榴梿干，还撕开了包装。

我没看见是什么，但是我闻到了。我猛地抬头，陈欣的脸就在我面前，一副早知道我会是这种反应的样子，然后很大方地把榴梿干放在我面前，潇洒地坐回我旁边。

我还是觉得这个男生很搞笑。但是没关系啊，榴梿干能收买我。我一边吃着榴梿干一边笑。

从那以后陈欣每天都会带一包榴梿干给我，然后我都一脸“退下吧小陈子”的表情接过去。

“欸，许开冉，你不觉得我特像养了一只宠物，然后每天固定投食？”陈欣递了一包榴梿干给我之后，一脸淡定地说。

我正吃得开心，听了他的话一下子噎住了，咳个不停，我转过脸去瞪他。陈欣笑得不行，然后一面拍着我的背，一面说：“知道我说的对，你也别这么开心。”

我好不容易缓过来了，留给他一个鄙视的表情之后继续吃。但是他不理会我，反而笑得更欢了。

后来我问过陈欣，为什么他会知道我喜欢吃榴梿，他总是打马虎眼蒙混过关。

也是后来我才发现陈欣笑起来会不自觉右嘴角上扬，带着点痞气，却也觉得好看。

## 2

校门口的蜡梅正要开的时候，学校放假了。

整个假期我都没见过陈欣。他在一家咖啡店打工，而我忙着补习。学好数理化，走遍世界都不怕，反正先补着总没错。

虽然都没见面，但是还是会收到陈欣的短信，我一般不回他，因为他老是挑我上课的时候发短信给我，毕竟我在读书嘛。只有他说领了工资就给我买一个大榴梿的时候才会回他两句，表达一下他能想到请我吃榴梿我很欣慰。

我日复一日地在补习班消磨着时间。

陈欣发短信告诉我他领工资了，问我说好的榴梿什么时候要。原本望着物理卷子一脸愁容的我笑了，想着就要到手的榴梿，嘴角止不住的笑意。

我回他越快越好啊。短信发出去还没一分钟，陈欣就回我了：“明天去等你下课，地址发给我。”

第二天我走出补习班就看到陈欣站在不远处，他把手插在衣服口袋，跺着脚走来走去，我知道肯定是太冷了，北方的冬天室外真不是一般的冷。看到我之后他就开始大喊我的名字，周围的人都在盯着我俩看。

我有点尴尬，小跑过去，“别叫了，别叫了，超丢脸啊。”

“我特地来给你送爱心榴梿你还嫌弃我。”陈欣一脸无辜地望着我。

“榴梿呢？”我看了看他，没有榴梿的影子。

“能不能温柔一点儿啊，我都在冷风里等你半天，都要感冒了！结果你只想你的榴梿。唉，小白眼狼。走吧，我可不会挑榴梿。”

不久前才下的一场雪，地上的雪很平整，陈欣走在我前面，他走过的地方都留下一串脚印，我回头看两串脚印一左一右的，莫名有点高兴，觉得这场景让我有点恍惚。风吹得我脸疼，忍不住从口袋里掏出手把围巾拉上面一点儿。

陈欣带我到了一家水果店，榴梿的味道弥漫在空气中，看到榴梿的我眼睛都亮了起来，迫不及待地凑上前去挑一个。

我细细地选了一个大榴梿，陈欣还没付钱的时候我已经把它抱在怀里了，好在老板捆了几张报纸，抱起来才不那么扎手。

“许开冉啊，你看看你现在的表情，‘慈爱’的眼神呐，跟这榴梿是你儿子似的，真是没救了。”

“我高兴，你管我。”我瞥了陈欣一眼，朝他做了个鬼脸，然后大步走出水果店，迫不及待地要回家开了这榴梿。

陈欣紧跟着我出了店铺：“给我吧，这榴梿那么重，就你这小身板怎么抱得回家？”

我低头看了一眼榴梿，恋恋不舍地给了陈欣。

这次我们是并肩走的，陈欣有一句没一句地跟我聊天，我也有一句没一句地回答他。

“许开冉，你觉得我怎么样？”陈欣突然停下脚步，然后很无厘头地问了我一句。

“还好啊。”我没注意到他已经落在我后面，我数了一路的路灯，这是这条街的第十二个路灯。我数着正欢，很随意地回答他。

“那……如果我喜欢你呢？”

我突然蒙了，停下来回头看他。

陈欣右手抱着榴梿，左手有意无意地摸着下巴，我知道那是他紧张时会有的小动作。

路灯柔柔的，照在他的脸上，陈欣整个人被昏黄的灯光笼罩着，甚至也包括我的榴梿在内，都散发着一圈柔光。他抱着榴梿表白的样子有点滑稽，但是我没笑，反而有点儿严肃地看着他。

我知道，就算我的神情自然，但是基本生理反应是不会骗人的，我觉得自己的耳朵都要烧起来了，热乎乎的，心跳得很快。

“许开冉……你别这样一直盯着我，瘆得慌。”陈欣突然开口说话，他嘴里刚呼出的热气瞬间变成白雾，一下子被风吹走，连同他的声音一起。

“陈欣，我家快到了，我能自己回去。”我的声音有些颤抖和紧张，突然有点儿不敢看他，只好盯着榴梿说话。

“好。”陈欣沉默了好一会儿，走上前来，把榴梿递给我。我伸手去接，不小心碰到了陈欣的手，很热，像个小火炉一样。而我的手很凉，一刹那的温暖。

我抱着榴梿落荒而逃。

陈欣的声音从远处传来：“许开冉，你到家了发个短信告诉我啊，省得我担心。”

我没应他，但是还是偷偷回头看了一眼，他还站在原地，第十二个路灯下。

回到家以后我盯着榴梿看了足足十分钟，想着该怎么回应这个突如其来的表白，但还是没头绪，最后只回了他一句：“我到家了。”

我问自己，许开冉，你喜欢陈欣吗？但是一想到这个问题我就觉得脑子里一团乱。

## 3

走亲访友的忙碌让日子过得特别快，快得我都没来得及回想这个问题就开学了。

我有点儿害怕开学，害怕面对一个不一样的陈欣，但好在开学以后陈欣的表现和以前无异，就像什么都没发生过一样。我一面庆幸他不再纠结这个问题，一面脑子里又在想他现在还喜欢我吗。

女生就是这样矫情。

“许开冉，看我的新手机，”陈欣一到班上就开始嘚瑟，“我得给它取个名字，大黄！”

“省省吧你，可别给你的手机取名字，我一直以为这事儿只有女生才会做，你说你本来名字就够女生了，再整个这癖好还得了？”我看了他的新手机一眼，撇了撇嘴。

“怎么回事啊！还搞起人身攻击了是吧！”陈欣举着他明黄色的手机在我面前晃来晃去，装作要扔我的样子。

说实话，我还有点享受这样吵吵闹闹的时光。

而实际上快乐的时光总是溜得非常快。

我们要分科了。

“许开冉你会读理科吧？”陈欣不经意地问了一句。

“不知道啊，不是还没叫填表吗？”我一愣，然后搪塞地回答道。

我曾经一度以为自己肯定会读理科，于是在所有文科的课上开小差，看课外书，读理科，玩手机，反正就是不听课。

可是一年过去了，理科也补了，还一点儿起色都没有。

直到班主任通知填表的那天，我已经咨询过不下七八个老师，也问过爸妈的意见，还是选择了文科。最后填表的时候我有种士兵奔赴战场的决绝和悲怆的感觉，然后工工整整地在志愿单上写上自己的大名和文科这五个字。

说实话，我舍不得陈欣，甚至觉得有点儿惋惜。但是我还来不及感伤就发生了一件事，一件让我们的关系破裂的事。

后来回想这件事，我觉得自己很丢脸，很对不起陈欣。我把他的“大黄”从二楼丢下去了。那天陈欣是在和我开玩笑，但是当时的我没觉得，那不过是场闹剧。

他拿走了我正在写的随笔，随笔里写着我不可告人的秘密，里面也提到了陈欣，他的这个举动对我来说犹如天塌了一般。我只觉得脸火辣辣的，脑子里嗡嗡地响个不停。

陈欣没有发现我的不对劲，甚至不知道他手里拿的那个东西对我有多重要，而是和往常一样嘻嘻哈哈地笑，“别写了，出去溜达溜达吧。”

我一边深呼吸，一边使劲瞪着他：“还、给、我。”

他还是没有给我，而是带着那本装着我可怜的自尊心的本子跑到门口，拿着本子朝我挥手。可能只有怒气冲天才能描述我当时的心情吧。

我愤怒地从桌洞里拿出他的“大黄”，站在窗户边上，有点讥笑地看着他。

陈欣没想到我会有这么大的反应，连我自己都没想到自己会这么冲动。等到他意识到我是真的生气的时候，手机已经“砰”的一声跌落在了一楼。陈欣冲到我面前，一副不可思议地看着我，然后把笔记本重重地丢在我的脚边，很快就跑到窗户边上，趴着看手机掉在什么地方。我看见他的脸涨得通红，下一秒就冲出教室。

我默默地捡起地上的本子，然后目光呆滞地坐回位置，突然之间好像什么也听不见了。我趴在桌子上不知道该怎么办，连他什么时候坐回我旁边我都不知道。

我们开始冷战。

整整两周，陈欣都没跟我说过一句话，我们俩之间的气压低得不能再低。但是更讽刺的是陈欣还是一副吊儿郎当的痞子少年的模样，没有凶过我一句，就好像什么都没发生。

我几次假装趴在桌子上睡觉，实际上都在偷偷地看着陈欣，他和周围的男生眉飞色舞地聊天，我的心里却不是滋味。

在这之后好多人问我当时是怎么想的，我一副无所谓的样子，然后不屑地说：“是他活该，我的东西也敢乱动！”不过是死鸭子嘴硬。说这些话的时候我心里有些不安，生怕他听见，也很怀念那些原来我们相处融洽的日子。

哦，女生大概是一个感性冲动的群体吧。现在回想不过是一个男孩儿为了引起喜欢的女孩儿的注意做的傻事罢了。

我不知道陈欣是怎么跟他爸妈解释手机的事情，也不知道该怎么向陈欣道歉。

而夏天一眨眼就来了，分科也来了。

我还没来得及好好地跟他道歉就变得形同陌路。

## 4

分科以后变得很忙，忙着画季风、洋流的方向，忙着背经济与哲学，忙着记历史长河里的事件。

陈欣在一班，我在六班。一条长长的走廊，他在最左边，我在最右边。整整两年里，我算过，可能只遇见他不过十面吧。

高考前的一个月，我在办公室里遇到了陈欣，他在物理老师的位置上做卷子，神情严肃，微微皱眉的认真模样，让我觉得熟悉又陌生。

突然之间我有一种冲动，想跟他说话。“陈欣，对不起。”女生就是这样冲动，大脑还来不及反应，话已经说出口。

陈欣抬头看我，有点疑惑，又好像一下子明白了。他突然笑了，“许开冉，没关系。”我觉得有点儿尴尬，急急忙忙地退出办公室。陈欣叫住了我，“一起走吧。”

我和陈欣一前一后地走着，影子被路灯拉得老长，就像寒假的那个冬天傍晚。我走得很慢，他的背影在夕阳的余晖里，亮亮的。

“陈欣……”

“嗯？”

我一时语塞，“……高考加油。”

“嗯，你也是，加油。”

“陈欣，我一直觉得手机那件事很对不起你，我真的不是故意的……”

陈欣突然停了脚步，回头看我，“都过去了。我当然知道你不是故意的，只是那时的我也不知道该怎么跟你缓和关系。我没放在心上的。”

“欸，你还喜欢榴梿吗？哈哈。”说完他又背过身去继续走。

“喜欢啊，之前你带我去买的那个榴梿很好吃，我自己后来也去那家店买过很多次榴梿。”我赶紧小跑追上去，继续慢慢地跟着他，忍不住低头笑，好像背了一个很大的包袱终于放下了。

高考过后我就再也没见过陈欣了。听说他考上了一所不错的大学，而我也考上了一所南方的大学。上了大学以后住在宿舍也少买榴梿了，因为舍友们不爱榴梿的味儿，慢慢地对榴梿的喜欢也淡了。

我们俩就如同是对方生命中的一个过客一般，随着时间流逝，顺其自然地离开了。后来的很长一段时间，我都在想，要是我当时回应了陈欣的告白，会不会有不一样的结局。但是时间走了，陈欣也走了。

高一的时候我也曾想过，陈欣和榴梿味的日子会一直陪我走过很长的旅程。但我们总是注定要失去某些人，要不然又怎么会知道他们对我们有多好。偶尔想到陈欣的时候，总觉得空气里弥漫着一股榴梿的香气。

## 5

我梦到了陈欣。

“许开冉，我喜欢你。”陈欣还是站在第十二个路灯下，抱着榴梿的那个傻瓜。

“好。”

# 仍要向往不曾见过的风景啊

海豚同学

我很少再回高中的学校了，尽管梦里常常有人逼着我回到校门口的书店里，让我鬼使神差地买下一叠叠厚厚的试卷闷头回到座位上，有一个声音始终在喊：“啊，你来不及了。”

这类梦总是特别逼真，有时醒来已是黄昏，而小城的冬日是很少有黄昏的，昏暗的光线后紧跟着就是漫长的黑暗。有一天，我跟在高中生上晚自习的队伍里，看着他们就像曾经的我一样，握着水杯，拿着饭团儿，夹着笔记本，灰扑扑的，走向一个个亮着灯四四方方的教室。我不太敢去高三教学楼，好像一举一动都会打扰他们漫长的修行，于是就躲在教室外面，也能嗅到一股拼死抵抗的孤勇气味。

一年前，我挺怀念这股气味的。而今天，我想做的只有离开。

高一时候，我一入学就跟班主任说我要读文科，夸夸其谈地讲了好多原因，比如我好喜欢文科呀，比如历史学起来可真有意思，其实真实原因大概就是我学不通也不想学物理。得到班主任默许之后就开始肆意地活着。没事儿刷刷数学题，看看文科，每周也能抽出时间来写小说。可是时间一长，班里的同学开始用看怪物的眼光看我。

原因我知道，大概就是教导主任教的物理，我期中考了十六分。而高中恰巧又是理科为主的学校，教导主任某节课顺口说了几句文科无用论，全班目光纷纷看向我。我一拍桌，“我爸妈都支持我学文你瞎说什么。”然后全班一片寂然。

说起来的确可笑，十五岁的时候，所有的错误指向一个人的原因，竟然是，她和你们不同。

可是我才不管，日复一日地写计划，日复一日地刷数学，日复一日地写小说，还有每周都带着满满期盼写厦门攻略。

不讨喜的滋味在这里都被统统过了一遍，以致后来再难遇到什么能让我动怒和难过到不能自拔的事情都仍淡然接受。

十六岁甚至十七岁的时候，我很少和别人提及这段日子，即使过了一年，以旁观者心态来看，总觉得是一个有点傻的姑娘为了某些理由不想和世界交流转而投进了另一个世界。

而十九岁的我啊，大概能够好好拥抱这个姑娘，说到底，她就是不想随着大流过一眼就能看到底的日子。

自从去年暑假，我很怕回家乡，更害怕和并不熟络的亲戚围起来聚餐，觥筹交错中听着中年妇女面红耳赤指点江山。大概因为体验过一句话被传几次就变得面目全非的滋味所以我极少说话，微笑和低头玩手机占大多数时候。

去年七月，自己把行李从珠海搬来广州，第二天要去香港，留了一天晚上和一个从小相识的哥哥见面，在他公司旁如家住下。他带我吃了茶餐厅，带我逛了逛天河，席间也愉快地跟他分享大学生活趣事，他给我买了些零食，送我回宾馆。一切都让我觉得舒服。一周后回家，我妈的态度让我蒙了，收掉我所有的银行卡和现金，回家第一天就让我好好思过。

我也不懂这是为什么。

事实大概是这样：我跟那个“哥哥”分享过“我爸在银行工作打钱给我比较方便所以生活费爸爸给我”，经过那个哥哥的“表达”，妈妈那就变成“妈妈不给我零花钱”，“哥哥”点了几个茶点笑嘻嘻地说不要浪费噢，我说我尽力，经过阿姨的口就变成了“你女儿在广州好惨哦，得亏我儿子接她吃饭”。

清晰地记得回家后第一天的傍晚，没吃晚餐，也没力气解释，跟我妈吼了两句“你为什么宁愿相信外人的七嘴八舌不相信你女儿”后在飘窗上坐着想啊。

大概这个带着下坠气息的小城市里的人啊，以展示自己和自己后辈生活的好为乐，以嬉笑他人的苦悲为趣，甚至不惜编造真相，并且栩栩如生。带着过来人的口吻向你展示你未来应该过上的生活，偏离了轨道就是不务正业。

这种乐趣像一个巨大的漩涡，吸引着你去相信他，被吸进去，然后，自己也开始了新一轮的自娱自乐。

我偏不。我懒得和漩涡里的人握手言和，也懒得听“女孩子就是要好好考个公务员嫁个好人才是真的”这样的话。塞着耳机大概能够抵抗他们身上沉重的衰老的一眼望得到尽头的气息。

我没有否认高中静默努力的日子也没有看不起生我养我的这座城市，我知道我始终要面对的，就是毕业、工作、遇到对的他一起走的未来，可是我想在奔向这段未来的过程里，不要你告诉我我该怎样做，不要你指点江山。即使在这未来到来前，让我多看一眼风景也是好的。

记得初中时候，我很迷曾轶可，倒不是因为她辨识度极高的绵羊音，而是因为某天在杂志上随意一瞥看见她说的那句话：“年轻是我们唯一拥有权利去追逐梦想的时光。”即使现在这句话被引用太多遍显得太过矫情，但当我再次写下它时还能隔着屏幕感受到泪光盈盈的感动和一颗不安的心啊。

支撑我们活下去的，不就是自由选择生活的权利，不需要再去相信这件事会有惊天动地轰轰烈烈的美好结局，而是你始终对它抱有期望，自愿选择，带着一路赤诚走下去。

走下去，不愿你找到光明，只愿你在沿途还能嬉笑怒骂，永远年轻。

# 时间去哪了

# 风吹过的痕迹

公子清晞

## 一

在那群废寝忘食、日渐消瘦的高三党中，总有那么一两个异类。

他们圆了脸，肥了肚，壮了腿，化压力为食量，最终养成重量级的人物。在下不才，就是人群中那耀眼的异类。

曾写过一条说说，大概内容为“曾经小蛮腰，现今大肥膘”，然后，我收到一堆的赞与各种红红火火、恍恍惚惚的评论。

同桌认真地看着我说：“我好喜欢牵着你的手啊，胖胖软软的，感觉像拿着一只猪蹄大的棉花糖！”

我迅速抽回了手，再乱来我就告诉警察叔叔你非礼我！

同桌哼唧两声，人家高三都是拼命瘦，你都高三了咋还使劲胖了呢？

对于这个问题，我也不清楚啊！可能是大家觉得我太辛苦了，使劲给我改善伙食补充各种营养，我才会变成如今这步田地的吧。

“瘦的人不一定会一直瘦，胖的人却会一直胖。”这是我经过多次验证总结出的真理。

心好累啊，让我吃块蛋糕缓缓。

## 二

体育课又下雨了，我们又一次留在了教室自习。

同学们一个个可怜兮兮地央求着体育老师让我们看电影，软磨硬泡后，老师叹了口气终于给我们播放了周星驰的《美人鱼》。

瞬间班里就炸开了，腰不酸了腿不疼了不吵不闹也不困了，一个个浑身上下都是劲，关灯拉窗帘拿薯片，表现出前所未有的兴奋与积极。

可惜好景不长，班主任还是过来巡班了，我们终究还是被抓了个正着。

班主任极其冷静地对我们说了两句话，便把电影关了。

他说："谁让你们看电影的！现在是你们放松的时候吗！"

对此，我们没有多大的不满与遗憾，我们只是庆幸，还好刚刚班主任没看到美人鱼脱衣服的那幕，不然估计我们全班都得写检讨。

## 三

二模成绩出来后，全班都是低气压。

我愤愤地让同桌拿出地理图册。千算万算，没想到竟是让地理这个小妖精拖了平均分，连英语这个"老妖婆"都不忍虐我了，怎奈还是太轻敌，防不胜防啊！

我用手指在地图上游走，画着各种季风洋流，然后指着中国地图问同桌想去哪儿毕业旅行。

同桌琢磨了一会儿说："西安吧，去看兵马俑，还有吃肉夹馍！"

前桌说："去新疆！昼夜温差大，瓜果甜。"

后桌说："广西！桂林山水甲天下，桂林米粉也挺不错的！"

斜桌说："怎么就没人想去北京呢，北京是我国的首都，政治中心，文化中心，国际交往中心，北京烤鸭很有名的！"

至于我……天津童子鸡，广东盐焗鸡，湘西土匪鸡、叫花鸡，武汉热干面，北京炸酱面，武汉三鲜豆皮，湖北公婆饼酱香饼、千层饼，重庆酸辣粉，四川串串香，重庆麻辣火锅，广西桂林米粉，江西瓦罐汤，贵州酸汤粉，郑州烩面……这些地方我都想去一遍！哦，还有吉林长春，因为小博的某编辑说过要请我吃好吃的，不管她记不记得，反正我信了！

咦，我刚刚拿地理图册是要干吗来着？

## 四

方铎说："我们最后一节的限时训练翘掉吧。"

限时训练就是每逢周一至周三下午放学后那一个多小时的测试，偶尔会有老师监考跟点名，偶尔校长也会过来溜达巡查，我们把它称为可有可无可是却不可随便离开的最后一节课。

我想了想，看看黑板上写着的"距离高考仅剩二十八天"，略显压力与不安地问后桌这样真的好吗？

后桌说："没有穿着校服翘课的高中会有遗憾的！"

可是……我说的翘课是指体育课的自由活动时间翻墙出去再进来啊……我没想过要翘掉考试啊……万一老师点名呢？

今天考历史，历史老师是不点名的！后桌已经在收拾书包了。

考历史啊，方铎不是历史科代表吗？她不用收试卷啊，科代表顶风作案何不同飞起，扶摇直上九万里？

还有，我们那么早回去是要干吗？万一被我妈发现呢？先去外面兜一圈吗？我可没什么兴趣，要不我们去书店吧！

后桌白了我一眼，翘课去网吧去打球的见多了，翘课去书店还是头一回听说呢。

没错，我就是这么的奇葩，谁让咱是好学生呢。

纠结了很久后，我们决定填完选择题就先交卷，也就是五点半放学我们五点就走，提前半小时交卷应该可以的吧……

可是，人算不如天算，我们的第一次翘课还是没能献给美丽的高中，好学生果然还得好好做试卷啊。

试卷刚发下来，老师便拉了一椅子在门口守着，我们强装淡定地认真做题，不知不觉便把翘课这回事给忘了，老师什么时候离开的我们也不清楚，只记得试卷好难，时间好快，直至放学铃响起还是没做完。

“没穿着高中校服翘过课的人是会后悔的。”

后不后悔？谁知道呢。

## 五

翠说她想要复读的时候，距离高考仅剩二十二天。

其实她也就那么一说，我就那么一听，然后认真地花了三秒钟琢磨了一下，觉得复读也是可以考虑一下的。

一石激起千层浪，断断续续地有人加入复读大军，目测我周围的人都是复读联盟的成员了。

然后，去哪所学校复读又成了一大问题。是去那传得神乎其神的私立学校还是继续留在一中，我们展开了激烈的探讨。

我用我那不太灵光的算术算了一下。假如我复读了，让我选复读学校的话，我会选私立学校。

私立学校环境好，师资雄厚，上线率高，可是学费也高，读一年大概就得两万多。而公立学校一年学费大概也就两千多，结合自身实际与家庭条件，我好像也就只能读公立学校了，可是我不想在一中混了啊！万一碰到以前的老师那就尴尬了。再看着周围同学那静如瘫痪动如癫痫的傻样，想着曾经在一起的时光，一想到明年复读有可能再续前缘，瞬间觉得这……太可怕了！

后桌说："我想复读，可是我家没钱，我还有弟弟妹妹……"

我说："我也想复读，可是我家也没钱，我也有弟弟妹妹……"

后桌说："我可能得先去打工赚钱了，我得养父母，给弟弟妹妹赚学费……"

后桌的家庭环境与考试成绩跟我差不多，看着她义无反顾潇洒就义的样子，想着我也得先去社会大学历练了，莫名的情绪让我们抱在一起哭了起来，我们真是太伟大了，连自己都被感动了！

同桌很鄙夷地打断了我们的煽情，这都还没考试呢你们想那么多干吗！数学题做了吗？

我一愣，你除了会问我“数学题做了吗”以外还会做什么啊！

我还会问你语文英语文综的成绩啊！

我就这样赶紧打消了复读这个可怕的念头。其实我再努力个几百分就能上北大了，完全没必要复读的对吧。咱还是赶紧做题吧。

## 六

某同学抱着我说：“就算我们毕业了，你也不可以忘记……社会主义核心价值观。”

我拿着水壶大声喊：“为了新中国！干杯！”

然后由班长带头，响起了全班大合唱嘹亮的歌声：

> 我们是共产主义接班人，继承革命先辈的光荣传统，爱祖国，爱人民，鲜艳的红领巾飘扬在前胸。不怕困难，不怕敌人，顽强学习，坚决斗争……

同桌又一次鄙夷地让我闭嘴，好好的煽情时刻怎么能被鬼哭狼嚎给充斥着。

同学们开始抱在一起哭成一团，企图拉我一起煽情流鼻涕，我推开他们，我才不要被你们的情绪带进去呢！孤零零的一个人远远地像看傻子般看着他们，突然觉得我才是那个傻子。

不知道哪个班哪位同学先往楼下扔下了试卷，一阵阵起哄声之后，陆陆续续地有人往楼下扔试卷。

灰白色的试卷在空中飘扬，落到地上变成雪茫茫的一片，感觉就这样把高中三年都扔了，伴随着一丝丝的留念，把过去那酸的甜的苦的辣的一律决绝地抛下。看着那满是我们汗水和泪水的试卷一层层地铺盖在地面上，那曾被捧得高高在上的试卷就这样沾了凡世的尘灰，泪水不禁在眼眶打转，使劲忍着不哭，说好的要笑着滚蛋啊。

大家高喊着“高考加油”，就算没有师弟师妹来喊楼，我们也可以自己给自己喊。一层一层楼地来回跑，一个个地像明星般地在校服上签名，文科生就是矫情，总说憋不出字来送别，一酝酿就是一大段一大段的句子。

感觉整个世界都沸腾了，闹哄哄的一片，歌声笑声哭声吵闹声起哄声混杂在一起，果然还是把校领导给引来了，我们终究在一场哄闹声中，毕业了。

# 白昼微笑，深夜安眠

苏　遇

## 1

当老师抱着刚改过的数学考卷走进教室时，我就预感我大概会萎靡一阵子了。

试卷从前排传到我手里，我赶紧用手捂住分数，闭上眼睛，深吸一口气，气沉丹田后才缓缓睁开一只眼，稍稍挪动手指，瞥见一个0，于是我再次闭上眼睛，重复以上动作。看到0的前缀是个鲜艳的9，然后："啊！"全班听到我的尖叫，纷纷转头用看女神经似的眼神看着我，讲台上的老师，可能是由于上了年纪的缘故，一脸惊悚地瞪圆了双目。

我虽深感歉意，仍掩饰不住内心的雀跃："第一次数学及格，有点激动就没控制住……”

数学老头儿……不对，数学老师扶了扶眼镜，顿了顿还是斟酌地开口：“咱班这次确实考得不错，只有两个不及格，最低分87。”

我听到内心窃喜：及格了！及格了！破天荒第一次啊……哎等等，只有俩没及格？那我不还是倒数？啊，刚刚还那么激动会不会太丢脸了………没事儿！虽然同样是倒数，但是及格就是质的飞跃！

感觉心里有花在绽放。

## 2

午休二十分钟常万红满面春风地踏进教室，语气有抑制不住的兴奋，摇着我胳膊说：“哎！你知道我去厕所看见什么了吗？！”我懒懒地抬眼：“在厕所还能看见什么？肥料？或者由它们……衍生出的小生灵？”

话毕，她直接抄起书本照我脑袋瓜子就是一下：“农家乐！你恶不恶心！我说的是去厕所的路上碰见谁了！”

没错，我叫农嘉乐，嘉年华的嘉！但所有人听到我的名字第一反应就是农家乐。常万红同学拉着我的手语重心长道：“令尊给你这名儿取得真是接地气啊！”此时，她如此嚣张地喊我全名我就忍不住跳脚。

“高一的迟子楷，就那个以750高分考进来的年级第一！我看到他啦！天呐，萌帅萌帅的！”常某人两眼冒出来的桃心像破壳的小鸡不断跳出来。

由于听到敏感词汇，我决定先按捺下要跳的脚。一脸八卦地凑过去问：“有多帅？”

从此我俩之间便有了共同的默契，逢去厕所都要一起，然后经过高一（18）班门口朝里面观望一阵。按照正常人的心理，偷窥这种事儿怎么也都会有些心虚。但很显然的，常小姐并不在此列，就那么大大方方地倚在门边拿手对着人家指指点点：“你说，一个男生怎么可以比女生还白啊！啊，你看他笑了哎！天呐天呐，居然还有酒窝！萌死了啊啊啊啊啊啊！”

正在此女情绪失控拽着我衣袖时，故事的男主角已经注意到了这边的动静，他转头左右看看确定我们讨论他的时候，就起身向我们走过来，颇不耐烦地问我们：

“看够了吗？”

我正准备矢口否认，常同学却做出了让我瞠目结舌的举动，她竟然……竟然抬手捏了捏他的脸蛋，然后偏头对我说：“农家乐，他的脸比你都嫩！”

迟子楷完全石化。

我感觉伪装了十九年的端庄矜持的形象被这货拖累着噼里啪啦碎了一地，趁着男主人公愣神之际拖着常万红一口气跑上五楼。她十分气愤地甩开我的手：“你干吗？跑啥跑啊！”

我气不打一处来，对她吼：“占了人家便宜难道不该赶紧逃离作案现场吗？！”

她愣了下，绷不住笑了。于是我们在文综考试开考前像两个神经病一样，哈哈大笑。

## 3

高考一百天倒计时。

班主任给我们下了最后通牒：不准写同学录！讲台上，他义愤填膺地对我们说：“你们现在最重要的就是高考！别整那些没用的！你要是没考上，别人考上了，我跟你讲你留了号码以后也不见得会联系！”

同桌林小锦用手肘推了推我：“哎，话说我要是没考上你就不会联系我了吗？”

我一脸惊恐地回答：“我也想问你呢！怎么看都觉得我才像落榜的那个……”想了想，扯了一张便利贴写了几行字递给后桌的常万红。不一会儿，纸条就传过来，赫然写着：“别人不好说，我要没考上肯定不会联系老班了！”

我把纸条给林小锦看，彼此都深以为然。对着纸条吃吃地笑。

## 4

三模成绩公布之际，东窗事发。

班上的一对情侣被学校发现了，班主任气得浑身发抖。早恋不是什么新鲜事儿，关键这个时间太关键，最最关键的是“犯案”主人公还有一个是他的得意门生。

班主任思虑再三在英语课上郑重宣布，由于事态发展太严重，如果不联系学生家长后果不堪设想。一说请家长，女生早就扑在桌上哭成泪人。男生沉默了几十秒站起来，直视着班主任：“是我先追的她，只请我家长来就好了！”

我不自觉地鼓起掌，瞬时班级响起雷鸣般的掌声。我不由一愣，一不小心当了次领头人。此时，班主任的脸色之差已不能仅仅用猪肝作比了。

“反了啊你们……”

班主任话没说完，常万红已经站起来打断他：“我想请问老师一个问题，学校为什么要严令禁止早恋？”

“这还有为什么！学校是谈恋爱的地方吗！学生的本职是学习！”

“所以说如果早恋并没有耽误学习的话，您就不反对喽？”常同学狡黠地眨了下眼，“老师，如你所见，这次的三模，廖凡稳居第一，陈晨就更不用说了，二模连班级前二十都没进，这次排在第六。可见，您担心的事并没有发生啊。”

“就是啊，请家长反而会影响情绪。您不是告诉我们，现在这个阶段心态最重要吗？”我也忍不住插嘴。

“宁拆十座庙不毁一桩婚啊！”有调皮的男生嚷嚷道，逗得所有人都笑了。

我们都带着企求的眼神看向讲台，班主任竟不发一言。半晌闷声道：“上课！”

我不禁松了口气，老班这样通常就是暂时不会追究了。我手伸向后面对着常万红竖大拇指，我猜她一定也会心一笑。

## 5

六月如期而至，六号熟悉考场，七号考语文数学，八号考文综英语。

六七八，录取吧。

三年的奋笔疾书，一千多个日日夜夜，决定最终结果的只有区区的三天。只是我们都知道，这不是结束，而是另一个开始。太多人都视高三如洪水猛兽，高考的压力掩盖了日常的琐碎。可我更愿意记住这样的小美好，黑夜里也有星光，迷茫中也有希望。

张嘉佳说：应该故事平稳，时光熨帖；应该白昼微笑，深夜安眠。应该在一起的，很多年。

# 流年的轮回

暖　夏

## 1

记得高中的时候班里的同学曾经这样描述过我：小波，好羡慕你哦，什么时候都充满活力！那时候我笑得合不拢嘴：“是吗！吃得好睡得好，能不有精神吗！”

现在想想，“充满活力”是个深思熟虑的褒义词，也许那时候她想说的是“歇斯底里”。因为最近我发现，我的确是个很容易歇斯底里的人。

这个发现起源于大学即将毕业的我去亮马河做一项出国审核，我选择的是英审，而审核老师发现我的成绩单上有德语课程，竟然兴致突起，转用德语开始聊天，选修德语课的最初目的不过是觉得会一门小语种很酷炫，学会说

Ich liebe dich已经是我的上限了。而这一切，都是灾难的开始。我婉转地向老师表达我德语烂到超乎她的想象，她相当不情愿地转回英审。紧接着，我们就不同的专业问题展开了激烈的冲突，她执意认为我的关税影响图是错误的，CIF术语解释有误，中国收这个消费税到底什么意思，整个场面愈发失控，这场必定挂科的审核收尾是：我眼眶一红，声音哽咽，声线断续地以眼前这张桌子为例，给她解释海关如何通过分类实现非关税壁垒。

这和我想象的完全不一样。

印象中的我应该是春风满面，技压群雄，非常华丽地用专业术语完爆在场的所有老师，让他们齐齐给我举出一个令人叹服的分数，而不是现在，走出审核室，耸着肩，垂着头，哭到不能自已。

太丢人了，苗羽波，太丢人了！

我心情低落地倚在公交车的栏杆上，茫然地望着窗外的风景，一辆面包车华丽甩尾，布满灰尘的后玻璃上写了几个字，张××我爱你。

突然有点羡慕这个张××和喜欢张××的人，爱情不是奢侈品，生活也不必错综复杂，甚至是在一辆蒙尘的车上，也能找到生活的情趣。

什么时候，这也变成了需要我欣羡的事情了啊？

真可悲。

我这样想着，一点点蹭下公交车。差不多是午饭的时间了，校园里很多人，我低着头走得很快，却依旧撞上了熟人。

我规矩地走右行道，碰上迎面而来的战誉，只能说明他逆行了，还是抱着一摞A4材料逆行。

我到现在还搞不清是我撞倒了他还是他故意把纸扔到地上的，虽然我不能以小人看君子，考虑到战誉之前的确是劣迹斑斑，我还是情愿相信后者。

几张纸落到马路上去了，我低着头过去捡，一辆外卖电动车以呼啸之势迎面冲来，那一瞬间心如死灰的我真的挺想让它把我撞出去的，也许在失重飞出去的那个瞬间，我可以忘掉这尘世的一切烦恼。

可惜未能如愿以偿，战誉从后面猛拉了我一把，又把我扯回到人行道："不要命了你？真是……咦，你怎么了？"

"你管得着？"我把那几张纸摔到他面前，可惜纸太轻太薄，没有我想象中的千军万马之势。

"怎么？不开心了？说出来，让我……哎哟。"战誉这话没说完，不是因为我为了不听后面那句"让我开心开心"而动粗，而是因为他女朋友出现了。

他女朋友的出场姿态很绚烂，马路对面，梧桐树下，自行车群旁，被秋天好到不行的阳光照得惨白，穿一条裙子。我前几天逛街的时候见过，对着价钱望而却步了。

他女朋友穿过短短的马路，跑得好像有两架摄像机在拍她一样，嘴巴差点儿咧到耳朵上。

“战誉，怎么了？”

“没什么，东西掉到地上了。”

“哦……我来帮你捡，啊，谢谢同学……”

我没理她，穿着我八十块的牛仔裤走得很潇洒。

可惜我走得很快很洒脱，也没能甩掉那句从后面追上来的话：“战誉，她好眼熟哦……诶？不是你前女友吗？”

我要申辩。

呵呵，我不是前——女——友！

## 2

据说有两样东西是我们学校女生最痛恨的，一是食堂饭菜里的小白鼠，还有一个是男朋友的前女友。

但我有话说，我不是前女友，不是战誉的前女友！

认识战誉的时候我才大一，如果不能用天真烂漫来形容，那也可以用傻得可爱来总结。留着高中生的齐刘海，穿着傻里傻气的运动裤和运动鞋，哪里有讲座哪里就有我的身影。

我是在一场金融讲座上遇到战誉的，当时他就坐在我旁边，但前九十分钟我都没有意识到他的存在。直到互动的时候，战誉举手，用特流利的英文对着那个做讲座的英国经济学教授提了一个问题，还是我当时特别喜欢的英音。

都说第一印象特别重要，战誉给我的第一印象简直可以用男神来描述。

他座位的便桌上放着个iPad-mini，里面是高大上的宏观经济学的PPT，其中的内容对当时的我来说仿若天书。而战誉的形象也很好，头发抹了一点儿发胶但依旧很自然，笑容很自信，身形很笔直。

除去他问教授的那个问题后来证明是一个不登大雅之堂的私人八卦，剩下的一切都接近完美。

于是在整个问答环节，我几乎是用刘姥姥进大观园的心情仰望着战誉。

如果你一直用灼热的目光看着某人，他一定是可以感受到的。

因此，战誉才坐下就径直问我："你一直看我干什么？"

我鬼使神差地回答："你的英音真好听！"

战誉很得意："呵，好像女生都比较喜欢英音，伦敦绅士音。"

我应该意识到的，如果我稍微有点往常的智商，我都应该意识到的，战誉这个人究竟有多么的个人主义。

## 3

可惜，多情的命运啊，总是会在开始构建太过美好的幻境，让像我这样的白痴深陷其中。

开学没多久有同学聚会，和我一同考来U大的还有我一个高中同学，晚上两人从羲和小馆回来已经是凌晨了，我的意思是绕西门，他的意思是爬东门，你真的没法跟一个喝的有点高的人讲道理，于是我站在铁栅栏这边，眼睁睁地看着他从栅栏顶摔下去，摔掉了一颗大门牙。

那场面真有够血腥的。

这同学摔下去之后也是醉了，竟然就势浑在地上不起来了，一副幕天席地的样子，估计是想上明天的腾讯头条了。

左顾右盼之间，看到又有一个男生从东门翻了进来，确定他没有也把门牙摔碎之后，我撞着胆上去："同学啊，能不能麻烦你帮忙扶一下那边躺着的那个……同学。"

这男生扭过头，就着昏黄的路灯，模模糊糊地看过来，吞吐的气息里有淡淡的酒气："嗯？哦，好。"

好歹是东倒西歪的把人送到了医务室，把人扔到床上，我才得空跟那好心同学道谢："谢谢你哈……哈？"

"哈哈？"那同学被我闹得有些懵。

“你你你？伦敦音？”刚才外面路灯太暗，根本没看清他的长相，因此这时的真相大白更让人吃惊。

“我不叫伦敦音，我叫战誉。”战誉喝得也有些多，说话尽量清晰，却也有点颠三倒四了，眼看他站不稳，两人便在医务室外面的长椅坐了一会儿，结果，他就坐着睡着了……

这事儿的确有点难办，大半夜的，两个男生一个女生，一个床上躺着，一个椅子上坐着，都处在酒后昏迷不醒的状态。

还好我也喝了点酒，责任心什么的也有点醉了，因此，我甩了甩头，回宿舍睡觉去了。

这件事的后果是，我那个高中同学足足有一个月没有理我，其实换位思考一下他做得很对，一个人醉酒后醒来，惊恐地发现自己躺在脏兮兮的白床单上，还断送了一颗门牙，想想就觉得恐怖。

这件事还有一个后果。

大一的某天我出去打球，被人拦在了操场门口。

“喂，你。”来者不善。

“嗯？”我有点略略的心虚。

“是你没错吧，我睡着之前最后看到的人是你对吧，你能给我解释一下，为什么早上醒来我发现自己躺在医务室的地上吗？”

“不知道啊，那天我也喝多了。”我决定装傻，而且我的确喝得有点晕，就我自己估计，以我这么高尚的人格，在清醒的状态下，一定不会放任两个醉鬼夜宿医务室的。

来往的人都在侧目，我有点尴尬，直接蹦出来一句电视剧台词："你到底想怎样……"

战誉冷笑一声："好说，帮我听讲座签到。"

于是，从那之后，大一到大三，战誉所有的讲座，都是我帮他去听的。

直到现在我也没想明白，这件事究竟是怎么发生的。

## 4

我一直觉得我和战誉之间的感情不太对，直到这件事证实了我的想法——

我盯着战誉在微信里刚刚冒出来的这句话，手都颤抖了。

我回过头，隔着四排，战誉正好抬起头来，对着我笑。

这种笑容我看了三年，从最初的心动不已，到后来的麻木不仁，只要战誉对我露出这种笑容，绝对没有好事情发生。第一次，我义务帮他听了三年讲座；第二次，我帮他考听力结业，差点被抓；第三次，第四次……想想就有点气愤。

而这一次——

微信上的消息，不是“我喜欢你”，也不是“做我女朋友吧”，而是“帮我追个女生”。

我按屏幕的力道相当大：你还是不是男生？不知道女生要自己追？

战誉：我这不是没有经验吗！

我：你以为我有经验？！你哪只眼看出来我有追女生经验的？！

战誉：同性之间相互理解啊。

我：对不起我不了解那一类女生！

战誉：送个花摆个蜡烛喊个楼？

我：都不需要！用你那伦敦音就足够了！

发完我就后悔了，但手速太快也是罪过啊，脑子还没想完，句子就发出去了。

不过战誉完全没放在心上：好主意啊，一段魂断蓝桥？

我：谢谢，那是婚外恋……

发完这段突然觉得有些心烦，能和战誉保持三年的好友关系，还是无话不谈的好友，我觉得我挺神奇的，但好友不意味着可以为彼此做一切，好友也是有不能跨越的雷池的。让我亲手把他和别人促成一对？我神经病吧。

心情狂躁地把手机开了飞行，打开书听老师讲课。

正是管理心理学课，老师在课堂结束的时候做了一个情商测试，最后成绩六十四分。

我看着心情还不错，起码还及格了嘛。

接着听到老师说道：“九十至一百二十分是情商正常的，九十分以下的都是情商略低的。”

那一刻，我对人生产生了怀疑。

下课之后我扭头就走，先去操场跑了三十分钟，而后气喘吁吁地打开手机，关了飞行模式，战誉的消息立刻闹心地跳了出来：

怎样怎样，想好到底怎样了吗?

要不就你先去接近她一下。

……

我情商一百一耶，我猜你最多也就八十，哈哈!

我悲愤不已。

谢谢，你太高估我了!

## 5

情商太低的表现形式之一，就是我在背后把战誉骂了个狗血喷头，扭头还是帮他去观察那个女生了。

长得很漂亮，穿衣很有品位，从头看到脚，都是用金钱堆砌出来的。

我跟踪了那女生三天，写了一份观察报告，以PDF形式发给了战誉。

战誉很写意地给我回复了一条信息：GD JOB！

不说谢谢，甚至连一个“Good”都懒得打全，以为我是任劳任怨的田螺姑娘吗?

紧接着，战誉给我下达了第二道指示，去那女生常去的一家咖啡厅去，做戏。

这种词在我这里，自动转变成了，作死。

果然，我和战誉坐在了正在咖啡厅上自习的那女生旁边。

在战誉戳了我无数次之后，我打开一本书，干巴巴道：“战誉，这一段我看不懂啊，你讲给我听听。”

战誉表现的机会到了，他拿过来，声音极尽温柔。

> Since saucy jacks so happy are in this,
> Given them thy fingers, me thy lips to kiss.
> 冒失的琴键既由此得到快乐，
> 请把手指给它们，把嘴唇给我。

念到最后，那女生的眼神不能歪到更歪了，简直就要贴到战誉的脸上来了。

我从来没有如此痛恨过伦敦音。

“战誉，我们分手吧。”我冷硬道。

这一段是预计的台词里没有的，因此战誉愣住了：“哈？”

“……你这个人渣！”我“啪”一拍桌子站起来，想随便找杯水泼他一脸，可惜刚上来的一杯果汁已经被我喝得一滴不剩，另一杯在战誉手里。

于是我掏出手机摔在桌子上。

“你看清楚了！”

手机号，删除。微信号，删除，微博号……咖啡厅wifi太慢了，怎么也登录不上微博，等待时间太漫长，气势也有点下去，于是我决定鸣金收兵：“所以，人渣你好，人渣再见，明天晚上的讲座自己去听吧！”

踢开椅子就走，如果不是最后一头撞在玻璃门上，我的这个背影一定很帅气。

才走了没三十米战誉就回头来加我微信。

我犹豫了一下，很没出息地加回来了。

战誉：哈哈哈哈没想到小波你这么有才，这一招甚好啊，女神搭讪我了。

我：不客气。

说完这句手机开了飞行，回宿舍，睡觉。

半夜醒来，摸索着打开手机，六个小时过去，战誉一条信息也没有发给我。

## 6

现在对战誉，我只有一句话相送：三年交情都被狗吃了。

生活里没了战誉其实也没什么，不过就是暴饮暴食，每天沿着操场跑到虚脱，晚上自习到图书馆闭馆，回来窝在床上看韩剧，哪个催泪看哪个。大四之前我很讨厌韩剧，很喜欢看英剧美剧，尤其喜欢伦敦音，而现在，我把什么《继承者们》《来自星星的你》都翻出来，一集一集的看，看到眼睛痛。

舍友扶着门框啧啧称奇："没见过你这样的，这还没谈恋爱呢，怎么就搞得跟失恋一样。"

我扔了一坨纸巾过去。

大四开始大家有了不一样的人生规划，我想出国，远走高飞，离这个地方越远越好。

可一开始就极度不顺利，连最开始的审核都是千回百转，差点就要和审核的老师打起来，人生简直一片黑暗。

人生没什么起色，我却不再看韩剧了。韩剧里的人生，在我看来也是极端的美好，更衬托出现实的我有多渺小。

半个月没上微信，因为要查看大班发的消息，不得已登录上来。

才打开，就蹦出来一条消息，战誉的：小波啊，哥分手了，快来安慰哥！

三天前发的。

哦，审核回来，在马路上遇到他的那次。

突然之间，真的是突然之间，我相当没出息的，心情变好了，满脑子都是“莫欺少年穷”“卷土重来未可知”之类的句子。后来我想想，这就是生活，很多事情，就在一念之间——

电话响起，是审核部打来的。

我突然有一种很好的预感。

## 7

下午三点，战誉给我打电话。

我从会议室溜出来：“喂？”

“突发情况！小波啊，今天晚上有个讲座，帮我去听啊！”

“……什么啊！我在公司实习啊！”

“晚上又不会扣你在公司加班，实习生不加班的好吧，他要是敢加班，我帮你告他！”

“神经病吧你……我知道了，回去开会了。”

结果晚上还真加了会儿班，等我回去的时候，讲座已经开始了，站在报告厅外，正要推门，我突然愣住了。

三年半前，也是这样的。

听一场金融讲座的我迟到了，站在报告厅外，手放在门上，犹豫不决。

那时候的我留着齐刘海，背着大书包，穿着运动衣和运动鞋，土里土气的，说话的时候不敢看人的眼睛。

那之后，我留过中分，烫过头发，换过很多风格的衣服，艳丽的或者灰色调，也学过化妆，走出去像个妖怪。直到现在，我又变回了齐刘海，穿着简洁的休闲小西服和牛仔裤，挎着包，素面朝天。

兜兜转转，好像什么都不变，又好像这个世界已经被龙卷风席卷到什么都不剩了。我无法说清对错，我不知道我们将走向何方，我只知道，三年前的那个女生，如今又回到当初的起点，时间却已流逝而过，不复当年。

门的这边是心灵逐渐坚硬的我，门的那边还是那个为一口流利的伦敦腔心动不已的女生吗?

# 奥利奥西施都老了

清　桉

## 遇见他那天，她吃得很饱

今天中午的伙食很好，井小可没忍住吃了三碗饭，肚子胀胀的很不好受。教室外的阳光透过玻璃照在井小可的背上，痒痒的很舒服。困意席卷而来，终于还是没抵住，枕着手睡了过去。

可是她没想过自己的运气会那么背，在自习课上睡了一觉会被当场抓包拎到教室外罚站。

顶着外面的大太阳，满脸通红。井小可想，班主任肯定生理周期混乱了。

一块灰色的抹布从天而降挂在她身上，湿漉漉地还滴着水，本就心有郁结的井小可猛地拿下抹布，扔在地上狠狠踩了几脚。

“对不起，同学。你要不要毛巾。”井小可听到声音抬起头，看到的就是隔壁班的季辰逸举着毛巾一脸的抱歉。

他皱着眉头把事情解释了一遍，举着毛巾的手迟迟不肯放下，大有“你不原谅我，我就不放下”的架势。

井小可只得接下他手中的毛巾，叉着腰：“你不知道有个大活人站在这里吗？下次擦玻璃的时候看好你手里的抹布。”

说完之后，看了看对面发现季辰逸诚恳的表情，忽然觉得自己这样有些不近人情，挥了挥手上的毛巾，说：“算了，以后仔细一点儿。就当我交你这个朋友啦。我叫井小可，你隔壁班的。”

出乎意料的季辰逸点了点头，镇定自若地说：“季辰逸。我认识你。”看着井小可一脸疑惑的表情，他还很好心的解释了一下：“隔壁班的大胃王。”

井小可在大太阳底下凌乱了。

偏偏季辰逸还不知死活地拍了拍井小可的肩，一副“我懂的”表情，说：“我知道你又饿了，毕竟今天的事是我的错，就当赔罪，我请你吃奥利奥吧。”

如果不是其他班级还在上课，井小可肯定会忍不住爆粗，她坚定地摇了摇头，表示拒绝。

季辰逸也没有再客气，在井小可旁边自顾自地吃了起来。

一秒钟过去了，三十秒过去了，一分钟过去了……听着身旁季辰逸牙齿与饼干碰撞的声音，井小可感觉刚刚还很胀的肚子突然就漏气了。

井小可可以抵住很多美食的诱惑，可偏偏拿奥利奥没办法。按她妈的话来讲，如果谁给她一包奥利奥，她绝对能跟人家跑了。

她眼巴巴地看着季辰逸手上的奥利奥，季辰逸被盯得不好意思，把手伸了过来。

井小可暗自纠结了会儿，还是没忍住，接了下来。

她恶狠狠地警告季辰逸："我跟你讲哦，我其实很饱，只是因为我怕你在学校里吃东西被老师发现，所以替你解决麻烦，懂了不。"其实我这是在帮你。

季辰逸没有点头。如果不是井小可一直站着没动过，她都会有些怀疑眼前一脸云淡风轻的人和刚才低着头连连道歉的是不是同一个人。

"饿了就说啊，胃口大小不是可以由自己决定的。"季辰逸说完留了句"再见"就转身逃离了案发现场。

只留井小可一个人在原地愣了好久才反应过来。

吃完奥利奥后，她握着手上的包装袋准备销赃，神出鬼没的班主任再次出现。结局嘛，自然是写了满满一张A4纸的认错书，替季辰逸背了黑锅。

井小可虽然贪吃，但她最懂江湖义气。

可是自那天后，井小可一度以为遇见季辰逸就是“霉运”两字在靠近。

## 喂！你赔我生煎

井小可别的什么都好，就是爱吃和爱记仇。

季辰逸在打饭的时候，井小可端着菜走过，她瞅了瞅季辰逸座位上的菜盘，四格盘子里装着三荤一素，其中的红烧肉立马把的她目光吸引住。她再看了看自己手上的三素一荤，心中的不满油然而生。

再加上昨日老师向爸爸投诉了她的“恶行”因而被禁令一星期不许吃肉的事，她正愁满肚子的火没地方撒，老天就安排她遇见了罪魁祸首。

相逢不如巧遇啊。

井小可趁着季辰逸不注意把腿伸了出去。“啊”的一声几乎响遍整个食堂。

剧情似乎没有按着井小可预想的进行，地上以“大”字趴着的，正是她本人，而那声石破天惊的声音也自然是从她口中发出来的。反观另一主角，正拿着勺子坐在位子上好整以暇地看着她，那双本就灿若星辰的眼睛此时盛满了一种情绪。

只是井小可被腰上传来的疼痛恼得没有多余的心思去揣摩季辰逸的情绪，只是默默地看了一眼自己倒翻的菜盘，扶着腰起身走掉了。

“死季辰逸，臭季辰逸，害得我都没饭吃了。我诅咒你以后饿死！”正是吃饭的时间，走廊里几乎没人，所以此刻井小可的声音显得很突兀。

摸了摸肚子，干瘪瘪的。井小可不满地噘了噘嘴，偷偷地从口袋里拿出早上吃剩下的一个生煎。

头鬼使神差地从背后被人打了一下，本就做贼心虚的井小可瞬间吓得丢到了手上的生煎，头也不回地就往前跑。

不会吧，我不是上辈子做了什么十恶不赦的坏事吧，要不然怎么会倒霉得吃个生煎都会被人赃并获啊！井小可面上挂了两根手指粗的面条，脚下的步伐却没有一丝减慢。

“喂！井小可，你别跑啊！”熟悉的声音在背后响起，她立马收住了脚步。

心还没有完全放下来的井小可，还在低着头兀自想着要不要回头。

“喂！大胃王，昨天才见过的。季辰逸啊！”身后的声音再度响起。

井小可这回终于可以确定站在身后的就是害自己一星期没肉吃的元凶。

真是不是冤家不聚头。

在季辰逸毫无任何准备之下，她忽然转身就打了他一拳："季辰逸，你还我生煎啊！这是我今天的午饭啊。"



## 姑娘，奥利奥不是这样吃的

季辰逸被打得莫名其妙。井小可正要下落的拳头被季辰逸抓住，他说："不就几个生煎吗，我赔你就是啦。"

井小可听完这话后，所有的委屈都冒了出来，她说："你赔啊！有本事你爬墙出去买啊。我本来就没得午饭吃了，就靠这一个生煎来熬过一个下午。"说着说着，语气变得有些哽咽。

季辰逸没有接话，而是转身回了教室。看着他离开的背影，井小可的眼泪也随之落下，她狠狠地捶了一下自己的脑袋。

不就一顿不吃嘛，饿不死。她暗自给自己打气。

刚起身，就看到季辰逸去而复返。他拉起她的手，井小可刚想要挣脱，就听见他说，给你一个惊喜啦。

井小可心里打着小九九，虽然这个惊喜想来也不会是好东西，但看看又不会吃亏。

被拉到柱子后的井小可根本就没有看到什么惊喜，她茫然地看着季辰逸，就见他像献宝一样从大大的校服口袋里拿出一包奥利奥。

井小可怔住了，因为季辰逸此刻的表情。是的，跟青春小说里的男主一样，一笑足以融化很多东西。

他看井小可没说话，把奥利奥塞到了她的手上，说：“吃吧，昨天看你挺喜欢的。昨天的事，对不起。”

井小可没有回答，而是撕开了奥利奥的包装，拿了一块出来递给季辰逸：“看在你请我吃奥利奥的份上，我们以往的恩怨就一笔勾销了。喏，这块给你。”

两人吃得很欢快，其实是井小可一人吃得很欢快，一口一个的节奏，在快见底的时候，季辰逸抢过了仅剩的几个奥利奥，说：“井小可，奥利奥不是这样吃的。”

井小可迷迷糊糊地眨了眨眼睛，眼神却还是不离奥利奥。季辰逸似乎被她这副表情逗乐了：“要扭一扭，舔一舔，泡一泡。”

“我知道啊，第一步要扭一扭。”

“是啊，先要扭一扭，再舔一舔。”

“季辰逸，你丫的，你舔了那我还怎么吃。我还没饱。”

“……”

## 奥利奥西施，我喜欢你

季辰逸跟井小可告白那天，她暗恋的男生刚有了女朋友。

她没有化悲痛为力量的超能力，只能靠拼命地吃来发泄情绪。井小可满嘴的奥利奥，手上还提着满大包的零食，慢吞吞地走在大街上。

嘴里的奥利奥化开后的味道溢满整个口腔，失恋的低落却丝毫没有好转。

低头踢着地上碎石的井小可突然听到叫声抬起了头，就看见一辆自行车横冲直撞地朝她驶来，她想躲已经来不及了，本能地闭上眼等着自行车撞上自己。可是预料的疼痛没有席卷而来。睁眼就看到自行车连同它的主人摔倒在地上。

她仔细一看，原来车主是前几天一起狼狈为奸过的季辰逸。井小可刚想冲上去骂季辰逸，可他的动作快她一步，他忍着痛过来拉住她，问："井小可你没事吧，有没有弄疼啊。"那一刻井小可清晰地从他眼中看到满满的光亮和些许被焦虑啃食出来的荒凉。

她看着他外露的膝盖鲜血汩汩地流着，顿时有些吓坏："季辰逸，你先关心自己好不，我没事。我们先去医务室包扎一下，我扶着你去。"

季辰逸很自觉地把整个人靠在井小可地身上，让她搀着他。

别看季辰逸外表看上去弱不禁风，可是在医生包扎的时候他还真的挺男子汉的，没有露出一丝很疼的表情。

井小可在医生包扎的那段时间也想明白了，季辰逸会受伤是因为不想撞到她可是刹车已经来不及，只能转弯撞上旁边的小树苗。

所以当井小可看见季辰逸膝盖上包满厚厚的白纱布时，她其实挺感激他的。趁医生去拿药的时候，她坐到了他的旁边，说：“季辰逸，谢谢你啊。我请你吃奥利奥吧。”说着把手里一直拎着的奥利奥递给季辰逸。

可是季辰逸非但不领情，还说：“井小可，你到底闹哪样啊，走路时不看路的吗，地上是有人民币还是有奥利奥啊。”

她因为感激给他点面子，他还就蹬鼻子上脸了。

井小可本就失恋心情不爽，也被季辰逸激怒了：“季辰逸！你是我谁啊，你有什么资格管我啊。不就是替我挡了皮肉之苦。”

本以为两人会一直吵下去，可是在季辰逸说出那句话后，井小可瞬间不知道怎么接。

他说：“因为我喜欢你。奥利奥西施，我喜欢你。”

## 再忆年少狼狈

不要误会，井小可与季辰逸之间没有发生过什么青梅竹马然后一方失忆的狗血剧情。

所以当井小可听到季辰逸口里的“奥利奥西施”时她才会不知道接口。井小可一向是一个不懂就问的好孩子，她挠着头问：“季辰逸，你为什么要叫我奥利奥西施？”

听到他的话季辰逸显得哭笑不得：“那次你跳高摔

倒，播报员，还记得不？”

井小可从小在体育这方面就没什么天赋，长到这么大也就跳过几次高。当然她最不愿意回忆起的就是高一那会儿的跳高比赛。

那次她总共跳了三次，却一次都没有跳过，反而把自己的手臂摔伤，弄得狼狈至极。

井小可听见身边同班的一些男生笑话她是“短腿蛙”，身高和腿短一直是她的痛处。所以那天她才会一个人躲在播报台旁边的柱子后面哭。

她哭得正起劲，就听见脚步声靠近，她慌忙地抹掉了眼泪，抬起头。就看见一个戴帽子的男生站在他身前。

在井小可的潜意识里这年头一般光天化日之下戴帽子的人都是图谋不轨的坏人，她吓得往后退了几步。

“要哭也不找一个隐蔽一点儿的地方。”男声突然的话让井小可不知所措。“你怎么知道我哭过。”她之前明明已经擦干了眼泪的啊。忽然才意识到自己的眼睛肯定红肿得厉害。

“我现在的样子是不是很丑啊。”男生显然被她不着调的话弄蒙了。

“啊？没有啊。自信点。每一个女孩儿都是西施。”男生明显看出井小可的尴尬，才说了这样的话。

即使只是安慰，井小可的心情还是好了很多。

学校广播响起，男生说：“哦，我要走了。我是这届运动会的播报员，我这里有奥利奥你吃不吃？”然后说完也不管井小可要还是不要，直接塞她口袋里，接着挥挥手跑开了。

井小可根本就没有看清楚男生隐藏在帽子下的样貌，也不知道男生的名字。即使知道他是这届运动会的播报员也没有去打听。

她想，这也不是什么光彩的事，就当从来没有发生过吧。

但从此以后她因为一个人，爱上了奥利奥。

回忆到这里也就戛然而止，井小可看着坐在自己身边的季辰逸，说：“你是当年那个播报员？”窗外一寸一寸的阳光打在季辰逸亚麻色的头发上，他温柔的眉眼浸染在时光里。

季辰逸点了点头：“我以为你会去打听呢，不过你没有诶。好失望啊。”明明是玩笑话，却透着悲哀。

井小可却没有理他，而是继续问：“所以，你一直都知道我是谁啊？”

“是啊，你看你都变那么自信了呢。可是你是什么时候爱上奥利奥的，是不是因为我啊，奥利奥西施。”很明白的调侃语气，井小可却没有理会。

她苦着一张脸，站起身走得离季辰逸远远的：“就是说当年的事你都还记得？”

年少时本已忘记的狼狈突然生生地被人强迫记起，井小可心里的滋味不好受。

## 无疾而终的初恋

高三本来就是一个各奔东西的时段。

那天的告白以井小可的一句“不知道”无疾而终。她躲了季辰逸一个多月，而季辰逸似乎也从刚开始的热衷到渐渐失去兴趣。

论喜欢，季辰逸那样一个人几乎很少有女生不喜欢，井小可也难以幸免。可她从小就爱钻牛角尖，这次她自己钻进了一个死胡同，只能自己再钻出来。

如果当年的狼狈没有被他看见过被他发现过被他一直记着，她肯定会毫不犹豫地回答季辰逸“我也喜欢你”。

但是偏偏当年她以最狼狈的姿态出现在他的面前。

所以井小可犹豫了。

大家都放学回家了，只留她一人站在学校的后花园里，想着究竟该如何面对季辰逸。学校围墙的隔音系统不是很好，她清晰地听见那样一段对话。

“季辰逸，你的高考志愿填的是哪儿？”“我啊，是北方的大学。你觉不觉得北方冬天很冷，然后你可以把你爱的人搂在怀里，这是件很浪漫的事。”

井小可站在围墙内许久没动，直到季辰逸和他朋友的声音渐行渐远。

她在心里默念，季辰逸，我们注定无缘呢。

井小可是个土生土长的南方姑娘，对南方有不一样的依恋情感，她填的志愿自然是南方的大学。

那时候网上有一条被转的很火的说说“因为一个人，爱上一座城”。井小可看到的时候觉得这是每一对恋人都能做到的事，可是到了真正抉择的时候，她还是选择了南方。

## 奥利奥西施都老了

井小可现在已经大二了，长高了不少，追的人也不少。在大学短短的两年时光也走马观花地谈过几次恋爱。至于都没有走到最后，自然是时光弄巧成拙。

归根结底是井小可不喜欢她的每一任男友都会如出一辙地问她为什么那么喜欢吃奥利奥。因为答案，她自己都不确定。

今年南方下第一场大雪的时候，《爱情公寓4》也正式开播。

吕子乔在第十集里的APP软件中对很多女孩儿说“你本来就很美”，她就不由自主地想起当年季辰逸对他说的“每个女孩儿都是西施”，吕子乔在那集策马奔腾，可她和季辰逸还停在原地。

圣诞夜那晚发了疯的曾小贤，又聪明，又耐打，连四季下来毫无动作的一菲也被打动。有些东西如果太平平淡淡，注定毫无进展。如果当年若季辰逸有曾小贤的一半厚脸皮去死缠烂打，她也许就答应和他在一起了，毕竟除了他之外鲜少有人会给她送奥利奥，还认真地教她吃的方法。

足足二十四集的《爱情公寓4》看上去那么漫长却也很快结束，回忆起之前等待中度过的漫长时光，她忽然觉得值不值得都不重要了。

井小可一个人窝在房间里边吃着奥利奥边看《爱情公寓4》的结尾，看到最后莫名地怅然若失。

从高一到大二整整追了爱情公寓五年，可最后的结局还是没有明朗。就像她井小可和季辰逸，认识整整五年，高中毕业后却再也没有联系，当年所谓的喜欢也没有结局。

奥利奥很快就要见底，电视里的广告又响起那句耳熟能详的台词“扭一扭，舔一舔，泡一泡。”她拿出一块来，轻轻地扭了扭，奥利奥没有完整地变成两块，零零散散地碎了一地。

原来，你不在我身边。

奥利奥西施都老了，扭不动了。

## 爱上一座城

井小可鼓起勇气打开了手机通讯录里只有一个人的分组，在手机键盘上踌躇了好久却还没有按下，关掉手机，看了看外面黛青色的天。

分别的两年里，她并没有像书里很多女生爱上写无效信，只是习惯在夜深人静的时候写下一个一个的故事。她很好心地给予了每个人物明媚的青春，素面朝天的爱情。

这份好心的来源是那个躺在名为“等待”的分组里的季辰逸。

井小可忽然任性地想要去找季辰逸，那个在自己记忆一直淡淡存在，轻轻叫嚣却又悠悠走过的人。

也许这次她会试着因为一个人的存在，去爱上一座城市。

一切可能，to be continued。

# 我的心事你来猜

# 傻瓜，回头啊

蓝与冰

## 1

夕照把我的脸烤成荷包蛋的颜色的时候，是下午的5点20分。我的心里像是有一万只蝉在唱着交响乐，耳膜上鼓动的全是烦躁和喧嚣，心情糟糕得想一把撕碎面前的卷子。

前面的韩智远看起来早就答完了题，百无聊赖地把自动笔转得“咔哒”直响。他那副悠然轻松的样子更让我郁闷，就像是我快要淹死了，他却一直在我身边自如地游来游去。试卷上一串串烦人的数字都变成了密密麻麻的蚂蚁，我实在烦得受不了了，才终于泄了气，软软地问了一声：“哎，卷子借我抄抄行吗？”

韩智远转回头，扬了扬眉毛说：“就知道你答不完，拿去吧。”

接过他的卷子时我的手都在哆嗦了，心里一遍遍地训自己不争气，可大脑又在委屈地说：“可是，我真的不会啊。”

从一开始我就知道我和韩智远是不同的两种人，我们距离不远，但高度不同，他永远站在需要我仰望的高度。他聪明得有些过分，小学时就拿过全国级的奥数奖，于是成绩好就有了金光护体，他成了我们小区所有家长用来训孩子的榜样。他眼里的自己好像也总是高人一等，淘气都成了活泼，任性都成了特立独行，连头皮屑都能被叫成“智慧燃烧的灰烬”。他的自恋是因为他有资本，而我的童年只能因为他背负上浓重的悲剧色彩。我可能只是资质平平，可是和他一比，我就成了笨小孩儿。

一直走在我前面的韩智远也有着所有天才们与生俱来的优越感，眉目里都写着骄傲，看我都是低一等的俯视。就像现在，老师罚我们留下写卷子时，他明明知道我不会答，可也不会主动告诉我答案。从来都需要我低下头来央求一句，再骄傲地递给我，享受一样地挑挑眉毛。

就是这样恶劣的个性，让我一想到就泛起了心酸。韩智远的字迹有些潦草，我正在努力判断一个字母是b还是6的时候，就隐隐听见前面的韩智远粗鲁地收拾书包，然后很大声地摔上了门。他又是在不屑我，把我一个人扔在了这里。我的手腕忽然就抖上了，我狠狠地咬住嘴唇告诉自己，别哭，快点抄，抄完就能走了，谁让他聪明呢。

可明明这么想着，手却像是得到了韩智远的指令一样，不听话地自己写起了“傻瓜傻瓜傻瓜”。

## 2

早知道会有这么难堪的下场，我说什么都不会拉着韩智远去找我丢的钱包的。翻遍了所有的口袋我还是没找到，最后才想起来，可能是被自己忘在草坪里了。外面还在飘着雪花，我生怕我那人造皮革的劣质钱包香消玉殒或被别人捡走了，于是在晚上九点给韩智远打去了电话要他陪我找手机。

韩智远绷着脸下楼陪我找时还一脸的不情愿，一直在抱怨：“你真是个傻瓜，谁会把钱包丢了，还丢在男生寝室附近的草坪上啊！”我边哆嗦着边赔上笑脸：“我也不想，大晚上一个女生在男寝附近溜达影响多不好，你就帮我找找吧，找到了我请你吃饭。”

结果被找到的是我们俩。就在我们认认真真地猫腰四处找时，一处灯光却忽然打到了我们身上。我被灯光晃得睁不开眼，只听见一阵狰狞而得意的笑声：“别藏了，我都发现你们了！说，哪个班的？”

看样子我是被校园风纪检查小分队给包围了。带头的教导主任那张常年食欲不振的脸难得绽起了笑容，一脸捉赃成功的喜悦藏都藏不住。我还在想，找个钱包而已，我又没偷窥男寝。再说男生吗，被看两眼也没什么吃亏的吧。直到又看见韩智远铁青着脸尴尬地站在我旁边我才想明白，我们这是被当作反面典型的早恋约会，被捉了个现行。

想到这我不禁佩服教导主任的智商，谁会在这大冷天的顶风冒雪地出来乱搞男女关系，那得有多大的意志力啊。教导主任可能也是想到了这点，抬了抬眼镜费解地问："韩智远，你们这是……"

"找钱包。"韩智远一副不耐烦的口吻说。身为年级第一名的他知名度有多高就不用我说了，教导主任也松了口气说："我就说，你处对象也不能和她啊。"

凭什么就不能和我了！我悲愤地想抗议，但也只敢想想。还好这件事没作为桃色事件扩大宣传，班主任在了解情况后只是罚我们每周五下午在学校做题。可我也知道，老师只是借机让一向桀骜不驯的韩智远来乖乖做几张卷子提高的，而我，只是可怜的附属品罢了。那些变态的难题，我几乎全都不会，所以我每周五都要承受着韩智远赤裸裸的鄙视，还得低下头求他借我抄。

就在我想上天对我太不公平的时候，上帝似乎终于听到了我的哀求声，将沈夕晨送到了我的面前，让我那颗被韩智远伤得千疮百孔的心终于有了一个治愈的慰藉地。

## 3

沈夕晨第一次注意到我时，就是看到我和韩智远在草地被捕的场景。他跟在教导主任的后面，看着吓傻的我想，这女生演技真好啊。但后来我们要被赶回寝室时，我才急着求教导主任：“老师，你先让我找到钱包再说行吗？”

他才知道我是真的丢了钱包，不是装傻是真傻啊。

当晚我在怀着对钱包痛彻思念的心情被迫回了寝室，第二天一大早就回去找，可真应了我的乌鸦嘴，一夜的大雪将天地变得白茫茫一片，除了男生们挂在阳台上的内裤和袜子之外，我什么都看不到。正郁闷，沈夕晨就来拍了我的肩膀，他眯眼笑的样子让我想到了笑面猫：“同学，你丢的，就是这个吧。”

我那灰色的小钱包在沈夕晨的手里熠熠生辉起来了，我一个兴奋一把抢过钱包，顺手圈住了他的脖子，感激涕零。松开手看见沈夕晨脸上升起的两团小红晕我才意识到自己的行为太过奔放了。我忙点头致谢：“你就是当代的活雷锋啊，太谢谢你了，我请你吃顿饭吧。”

沈夕晨倒也客气，耸耸肩说：“别吃什么饭了，干脆，你当我女朋友吧。”

他这思维跳跃得太快了，让我卡机了一小下，我怎么能为了这么点小恩情就以身相许啊。我抬头看了一眼沈夕晨的脸，亮晶晶的雪地将他衬托得格外清俊，眼角略微上提的好看眼睛像是狐狸一样狡黠，却又藏着冬天也冻不住的温柔。我愣愣地想着，这生意不吃亏啊，不如说，吃亏的那方是他才对吧。

于是丢钱包事件的结局，就是我被罚在教室里做卷子，但也意外收获了人生中第一个男朋友。他有着温柔流转的眼神和暖暖的笑脸，会当我在教室里忍着耻辱抄卷子时等在校门口，看我出来时唇角一勾说："走吧，我送你回家。"

## 4

韩智远听说我有了男朋友时很不爽，一向走在前面的他还是第一次慢我一步。他按着我的脑袋说："早恋有什么好炫耀的，再说那个沈夕晨是谁啊，听都没听过。"

我的脑袋被按得有点疼，可脸上还是挂着痴痴的笑。自从答应了沈夕晨以来，他就近似于宠溺般地对我好，给我买早餐打热水，放学等我一起回家，恨不得全世界都能看到我有多珍贵一样。每次我被韩智远鄙视智商低而元气大伤时，总想扑到他身边去求治愈。他会拍拍我的头，眯着细长的眼睛说："谁说这样不好了，女生就是要笨笨的才可爱啊。"

他没否认我笨，但是他喜欢笨蛋。他突如其来的宠溺让我幸福得不知所措，不知该怎么应对好。可是每次我询问他到底喜欢我哪一点儿时，他总会眼含温柔地注视我一会儿，轻声说："秘密。"

这也成了我心头最疑惑的问题，还没等我搞清楚就先有人来问我了。到了冬天体育课一向是自由活动的节奏，我在和死党艾小缘坐在操场角落的秋千上聊天时，一个束着高马尾的女孩儿就走了过来，定定地看着我问："你就是舒昕？"

艾小缘凑到我耳边说："小心，这是沈夕晨的前女友孙冰钰。"我还没回招呼她就几步上前拽住了我的衣领皱紧了眉说："你知道吗，前天沈夕晨才告诉我要和我分手，因为他喜欢上了你。我还在奇怪是哪路神仙，没想到你是这样的人，他究竟喜欢你什么地方啊！"

原来沈夕晨竟然为了我甩了她的前任女朋友啊，我又有点奇怪，之前他明明有女朋友的，那为什么还那样问我呢？可是现状根本不给我时间好好想想，面前孙冰钰虎虎生威的架势吓得我身边的死党都作鸟兽散了，极不厚道地将我一个人留在这。我看着她挑高的眉才忽然想起了我们学校有名的传说：篮球女将孙冰钰，从小练武术，别人减肥都跳绳摇呼啦圈，她却是在阳台上耍擒拿拳，耍得我们学校保安看见她都肃然起敬。印象和面前的人重合之后我才吓得脸都白了，直想说"女侠饶命"。

孙冰钰不屑的眼神又让我想起了韩智远："我真不知道沈夕晨到底在想什么了，怎么会是你……"

她还没说完就被人挡住了，韩智远不知道从哪冒了出来，站在我身后一把勾过我的脖子，用这个有点粗鲁的动作让孙冰钰放了手。我看不见他的表情，只听见他冰冷的语调："被人甩了不爽你去找沈夕晨啊，别来欺负这个傻瓜！"

他还是在叫我傻瓜，让我明明因为他赶来而有点温暖的心又冷了下来。孙冰钰怔怔地咬着嘴唇，还没回话，沈夕晨的声音就又打破了我们的僵局："舒昕，你没事吧？"

孙冰钰一愣，然后转身就跑远了，韩智远也松开了我，有点厌恶地说："你的女朋友你就自己保护好，以后这种事别再让我管了！"

沈夕晨撑着膝盖气喘吁吁地说："我也没想到小钰能来找她啊，听说了以后我就马上跑过来了。"

原来艾小缘去给沈夕晨通风报信了，他就赶紧穿越了大半个操场跑过来，没想到孙冰钰一看见他跑得比他还快，这得是有多大的芥蒂啊。我忙说着我没事的，无意间瞥了韩智远，话却忽然噎住了。

他的眼神，分明是在看一团垃圾一样的轻视，仿佛我的存在只会给他完美如也的生活制造麻烦和污点。我被冻在原地，沈夕晨轻轻地拍拍我的背说："没事的，她也就是来吓唬你一下，不会真的伤到你的。”

我只是在难过地想，帅气漂亮又有个性的他们三个才适合去演一部偶像剧，我真的像孙冰钰质疑的一样，连配角都不配演。

## 5

谁也没想到孙冰钰也飞快地处了一个新男友，同是体育部的篮球健将，般配得让人只有咂舌的份儿。皆大欢喜的结局，只有韩智远一个人不高兴。

自从沈夕晨开始送我回家之后，我和韩智远交流的机会只有为时不多的上学偶遇和周五的罚写时间了。韩智远的卷子答得越来越快，他也不会再等我求他，做完后都会直接扔到我的桌子上，再一个人走掉。所以即使我每天在沈夕晨的身边都会笑出声，但每周五都是我的噩梦日。可这次，他却没走，脚尖不耐烦地踮着地，半天才下定决心一样回头敲了敲我的桌子：“我说，你还是跟沈夕晨分手吧。”

我正抄得投入，头也不抬地问：“凭什么啊？”

刚问完我的头就被韩智远直接扳了起来，他皱着眉看着我的眼睛说：“我觉得他有点聪明得过头了，你太笨不适合他。”

他的理论我就很不理解，因为我太笨就连恋爱的权力都没有吗？我开玩笑说道：“那谁适合我，你吗？”

韩智远的眉就皱得更紧：“当然不是了，你这个傻瓜，怎么可能啊。”

果然，他心里的定位就是我永远都比大家低一等，配不上沈夕晨更配不上他。我看着他貌似厌恶的眼神就忽然难过得不行，这样的嘲讽不屑和鄙视我经受过多少回，因为他，我从来没有值得骄傲自豪的事，他会掠夺践踏我全部的自信心，只让我缩小成一个越来越自卑的女孩儿。也许我只是个普通人，我并不是那么笨的，但是只是因为他的批判我才真的变成了现在这样的一个傻瓜。

胸腔里酸涩的委屈终于抑制不住，我一把甩开了韩智远的手，眼泪再也忍不住：“是啊，你聪明你是天才，你就要用自己的控制力限制住我的一切吗？你就要一直这样骄傲地走在前面，永远轻视我不屑我吗？我在你眼里就是个傻瓜，什么都不配得到吗？”

韩智远愣住了，我抽泣地将桌上的卷子抓出了褶。半晌他才又开口，还是一样不耐烦而轻蔑的态度：“因为你本来就是个傻瓜啊！我说的就是正确的，你就应该虚心听我的才对！”

我就知道，无论我说什么做什么，也不可能甚至不能奢望会改变他的。自信满满的人总有这样固执倔强的特点，根本不是我能说服得了的。我还在哭，就听见有人在用手指敲玻璃，偏头一看，正好迎上沈夕晨的笑脸。他看见我哭了才怔住，然后转身就跑向了校门，似乎想马上冲到我身边。韩智远紧了紧眉，又一次以骄傲的姿势顾自离开了。

沈夕晨赶来时一把就搂住了我，语气中满是心疼："舒昕舒昕别哭啊，你怎么了？是不是韩智远那个家伙又欺负你了？别和那种自大的家伙过意不去啊，不值得的。"

我像是要把积蓄了十几年的委屈都宣泄出来一样，哽咽着说："我不想再理他了，以后再也不想和他说一句话了！我以后一定要离他远远的！"

当时缩在沈夕晨怀里的我想着这样就不用这么辛苦，就能不再受伤了吧。可是我万万没想到上帝真是一个喜欢恶作剧的坏人，无论我怎么走，都走不出这个让我受伤的圈。

## 6

我真的开始和韩智远成了陌路，本来每次偶遇就都是我主动地打招呼，我不跟他说话他当然也不会降低身份来搭理我。最近他倒是和我的死党艾小缘走得很近，导致我连无辜的她都一并不搭理了。他们一起走时看见我，艾小缘还会开心地问声好，可韩智远只会冷冷地看一眼再转移目光。

还好有沈夕晨一直陪在我身边宠着我，让我没时间去想那些烦心事。可是我不知道，即使已这样亲密的我们，也一直藏着一个导火索，终于在引爆的一天，让我看到了整个世界都黑掉是什么样子的。

再见到孙冰钰时，我正和沈夕晨在轧马路，他温柔地说："你快过生日了吧，我送你什么好？泰迪熊你喜不喜欢？"

于是我们就去文具店挑熊了，很巧的是，正好看到了孙冰钰，和他的现任男朋友。他们正有说有笑地抱着一个大大的熊宝宝，但孙冰钰眼神一飘看见了沈夕晨之后脸色马上就沉了下来，拉着她的新男友就逃走了。我还在奇怪为什么每次她看见沈夕晨都要逃得那么快啊，可是抬头想问沈夕晨却张不开口了。

他的眼神痴痴地追着孙冰钰离开的身影，连攥着我的手的力度都轻了。等他们出了店门他才回过神，但再看我时，我却再也对他笑不出来了。

那一刻我好像突然明白了些什么，本来聪明点的人都会选择先沉住气以后再问的，可是我是傻瓜，所以我直接就逼问了沈夕晨，他究竟在想什么。

我早就和死党们聊天时谈过，沈夕晨有着酷酷的神秘感，看眼神你永远不知道他在想什么。可我今天才开始狠狠地后悔起自己的愚蠢，韩智远说得对，沈夕晨太聪明了，我真的不适合他。

沈夕晨出了店门才讪讪地笑道："就看见她忽然想起了之前的一些事，有点儿走神了。舒昕，你别吃醋啊。"

我才忽然反应过来，从称呼就能看出来的，他一直是连名带姓地叫我“舒昕”，可是之前却是叫她“小钰”的。而之前我问他喜欢我什么地方的时候，他随口而答的“秘密”也根本就是“并不怎么喜欢”的掩饰罢了。被我逼问了好久，沈夕晨才终于软了下来低声说：“是啊，我之前特别喜欢孙冰钰，可是我后来发现，她并不怎么喜欢我。还是我的女朋友的时候，她就和体育部的那个男生好上了。劈腿这件事对女生来说不太好听的，所以我想还不如说是我喜欢上了别人，还能换得她自由。也许有时候喜欢就是这样吧，看见她抵达了幸福就已心满意足了，不是吗？”

原来如此啊，他为了成全她而欺骗了我，委屈了自己。一切都理顺了，我之前一直在想他为什么喜欢我，其实我真是个傻瓜，沈夕晨只是需要一个人来帮他给她喜欢的人铺路罢了。所以他帮我找到钱包，就有了搭讪的借口展开新的剧情了。他真善良，为了自己喜欢的人能付出这么多，可是，他考虑过我的心情吗？

自卑心又像章鱼足一样爬起来猛地扼住我的心，狠狠地拖到冰冷而沉重的水里。沈夕晨低着眉眼说：“对不起，但我根本没想伤害你的，因为我捡到你钱包的时候打开看过了，所以我知道你肯定不会喜欢上我假戏真做的……”

我还以为沈夕晨会是我的慰藉，可我现在才明白这才是最大的谎言。他对我好的时候都是在想着孙冰钰，包括今天来挑玩具熊，都是因为孙冰钰喜欢，他才习惯性地来看的。我抬起手特想甩他一巴掌，可最后，还是扼腕无力地沉下了手。自卑的人都有这个通病，难过时不懂怎样用伤害别人来发泄，只懂得把难过都自己消化掉，然后变得更自卑。

我挡着眼睛，不想让沈夕晨看到我的眼泪，所以我也没看到接下来的场景，只感觉到身边闪过了一缕风。睁开眼时，愤怒的韩智远一拳直直地打在沈夕晨鼻梁上，戾气让他的眼睛都变得有了棱角，不等沈夕晨直起腰，他的第二拳就又揍了下去："谁让你惹那个傻瓜哭的！"

## 7

可真正的傻瓜是韩智远才对，我们在离校门口不远处的文具店前面发生的冲突，还刚好是放学点，好事者很快围了起来。韩智远被愤怒冲昏了头脑，我拦也拦不住，沈夕晨则一下都没还手，任韩智远的拳脚交加地落到他身上。我当时还以为沈夕晨是因为心虚而不还手，可我后来才知道，原来他才是最聪明的人，韩智远和我，都是傻瓜。

这半年学校一直在整顿风纪，所以才经常有教导主任四处巡查，而这次打闹事件正好撞到了枪口上。我和韩智远下午被叫到了办公室，所有的证词都能证明，是韩智远在单方面打沈夕晨，毕竟人家一下也没还过手。于是，他包揽全责，被记大过全校通报然后取消了校长推荐大学的保送名额。

前面的还好说，最后一条惩罚几乎是要毁了韩智远的前途啊！我疯了一样地和老师争吵，他们也还是固执己见地说这么恶劣的事件没开除就已经很给面子了。我无力地回头时才看见，韩智远对我还是一样嫌恶的眼神，冷冰冰地说："还不是都怪你。"

审讯结束后，艾小缘就等在门口焦急地问结果，韩智远却一甩手先走了。艾小缘无奈地看了看他才又牵起了我的手。

她一直在安慰哭得直抽噎的我："别哭了舒昕，我告诉你一件事吧，韩智远喜欢你。"

我根本不相信摇摇头说："不可能，他那么骄傲的人怎么可能喜欢我，我一点儿都不相信。"

艾小缘叹了口气说："我也不相信，包括他自己都不相信。可事实就是这样，他和我在一起聊天时虽然一直在说你笨说你傻，但我们的话题却一直是在围绕着你；我们在街上走看见你时，他的路线就会一直无意识地跟着你走了；他每周五都把你一个人扔在教室是因为他看沈夕晨接你会不爽才先走，而包括今天中午也是，他看见你哭了就丢掉了全部的理智，我还是第一次看见他那么生气呢！"

我傻傻地听着，心里一片茫然。艾小缘接着说："你不知道他喜欢你，连他自己都不知道。他这个人就是有着异常高涨的自尊心，自视很高，可却还是在不知不觉中喜欢上了你。可他根本不会表现，大家一直以来的吹捧让他根本不会怎么低头，明明一直都在想着你的事，明明总是有意无意地注视着你，可是却还是不愿意承认。他太喜欢你了，却又太不会喜欢你。他才是真正的大傻瓜，情商低得我都鄙视他。”

## 8

我最经常做的一个梦，就是韩智远在我前面走，我一直在后面很努力地追，可是无论我怎么努力，永远都到不了他所在的地方。他一直骄傲固执地走在我前面，一次也没回过头。

可是我今天才知道，其实他的心里也一直住着一个小小的我，也在因为我而情绪波动。也许聪明的他早就看出了沈夕晨的口是心非，所以才来提醒我，可是却连提醒的方式都表达不好。他明明就知道我就在身后，可是他就是不懂该怎样回头。

而其实我，早就等他太久太久了。我的小钱包里装着他小学毕业时贴在毕业证上的照片，那是我唯一一张他的照片，还是我趁老师不注意偷偷撕下来的。所以沈夕晨一看到就知道了，我有多么喜欢韩智远。

他就是我心里太阳一样的存在，我向往却永远追逐不到。即使他蔑视我，我却还是忍不住喜欢他，甚至一个人偷偷跑到男生寝室窗外，想要在下雪天窗上结霜的日子，在他的寝室窗户上画一个笑脸，提醒一直摆臭脸的他要多笑笑。可是我是傻瓜，不知道窗花是结在室内的，所以我找到了他的寝室窗户也只能窘迫地再离开，还把自己的钱包丢在了雪地上。

可现在，那个骄傲伤人的太阳再也不会亮在我的世界了。听说学校取消了他的保送资格后，他妈妈来学校大闹了一场，可学校还是不愿退步。于是他妈妈给他办了转学。

他的成绩在全市都数一数二，很多重点高中都原意抛橄榄枝。学校知道后后悔也来不及了，他妈妈用这个潇洒的动作甩回了学校一个巴掌。韩智远转去了邻市的高中，走到时候也根本没告诉我一声。艾小缘说，他是个看不懂自己心的傻瓜，等到有一天他终于明白的时候，他就会懂得后悔难过，就会放下一直以来的骄傲，回头来找我了。

可是我不能亲眼看到那一天了，忽然消失的他连联系方式都没给我留。我只能一边奢望他早点儿变得聪明，一边不安而寂寞地等下去了。我心里的梦境，还不知道会上演多少回。可我再也不想沉默地追逐了，我再也不想把心情都咽回肚子了。所以也许下一次，我会喊出声吧，很大声冲着那个骄傲的背影，用力到眼泪都流出来：

“傻瓜，回头啊！”

# 阳光不懂小蘑菇的心事

陈小艾

## 嗨，我是小蘑菇

林洛洛被班主任从座位上叫起来的时候，她正专心致志地写着一封给沈拓的信，粉红色的信纸，工工整整的字迹，一笔一画地想要将这些年饱胀的喜怒哀乐缝合进字句里。

窗外的风吹过浓密的香樟树，哗啦哗啦的声响，像是林洛洛不安分的心事。班主任生气地训斥："整天不好好学习，胡思乱想些什么，马上就高三了，不知道为高考发愁吗？"林洛洛把头埋得很低，双手绞着衣角，她弯腰去捡被班主任丢在地上的信，起身的时候扫了一眼教室的同学，个个埋头奋笔疾书，在这个重点班里，林洛洛有时孤单得就像个透明人。

“放学后到我办公室来。”班主任临走甩下这么一句话。

在这个年级前五十名组成的重点班里，林洛洛实在没有什么特殊的地方能吸引到大家的注意，矮而微胖，留着最普通的齐耳学生头，穿着松垮不合身的校服，腼腆不善言语，中等偏下的成绩，跟周围耀眼的同学比起来实在太普通。

在办公室里，班主任一番苦口婆心的教导。望着口干舌燥的班主任，林洛洛忽然“咯咯咯”地笑出声来。班主任的脸被气成了猪肝色，要她去门外站着反思。

沈拓就是这个时候从林洛洛身前经过的，林洛洛倚靠在墙上，低着头，看到沈拓那双打着醒目的对号的蓝色球鞋的时候，猛地抬头，看到他好看的侧脸，几天前在篮球场上他就是穿着这双拉风的球鞋在最后时刻一记漂亮的勾手上篮锁定胜局，旁边震耳欲聋的喝彩声中她才认出那是沈拓。

他比小时候瘦了不少，又高又挺拔，器宇轩昂的样子，是人群中让人望一眼就过目不忘的翩翩少年。林洛洛心里又惊又喜，认定这就是小时候住在他们家对门的沈拓哥哥，虽然几年没见了，但她无比确定。那几天林洛洛真是开心死了，自从八岁那年那个喧闹的凌晨他们一家搬走后，就再无音讯，没想到多年后还能遇上。

林洛洛心里的小花一朵朵地开了，在她有些潮湿的童年记忆里，他是唯一陪她说笑的人。林洛洛记得，每次爸妈摔打争吵的时候，她就把自己关在卧室里，耳朵贴在墙上听对门传出来的悠扬钢琴声。沈拓比她大一岁，她像个小跟屁虫一样乐颠颠地跟着他玩。那个时候林洛洛留着那种刘海很厚的蘑菇头，沈拓喜欢摸着比他矮一个头的林洛洛轻轻地喊，“小蘑菇”。

可是林洛洛却没有勇气上前去跟他打个招呼，她缩在墙壁上，头埋得更低，用几乎只有自己听得到的声音说，“嗨，我是小蘑菇。”

他没有听到她的话，径直从她身边走过，她看到他那双修长的手，一看就是一双从小弹钢琴的手。

## 能跟你同台演出，是我这些年的梦想

林洛洛打听到，沈拓是前不久刚转学到这里的，这些年一直在外地读书，要回原籍参加高考。

她始终鼓不起勇气站到沈拓面前流畅自然地打招呼、叙叙旧。真糟糕，因为她是个一紧张就脸红的姑娘。于是，她便一封又一封地给他写信，早读课上、自习课上、课间操的时间，她都在写，她虔诚地想要弥补上错开的这几年。

林洛洛知道，沈拓坐在高三（4）班靠近后门的位置，有时候从他们班门前经过，能从后门玻璃上瞥见用胳膊垫着头睡觉的他。每次她都煞有介事地来来回回好几次，心底期盼着他能看到自己，隔着时光的尘埃认出她来。

沈拓终究还是没有认出她。

期中考试之后，学校照例张榜公布各年级的前五十名，高二年级的榜单上，林洛洛的名字在后几排不起眼的一隅，她认真看了一遍旁边高三年级的榜单，意料之中，没有沈拓的名字，他是属于球场上的那种男生，全部的喜怒哀乐都在球场上释放得淋漓尽致。林洛洛抬眼就看到了高三榜单上那个永远站在最高处傲视群雄的名字——陈茉，她是知道那个女生的，留着又长又柔顺的黑发，平日里喜欢穿素色的衣服，不张扬、不夺目，清清淡淡的感觉，人群中却总能很恰当地夺人眼球。

五月份，离沈拓他们高考还有一个月的时候，学校举办艺术节晚会，每年一度的盛会。高三年级作为毕业班选送了一个节目，沈拓和陈茉共同演奏钢琴曲《卡农》。演出的那天学校大礼堂里人山人海，高三年级的学生们因为一直要备战高考的疲惫感，也因为即将要离开母校的不舍，对于这次难得的放松，他们每个人都兴致很高。沈拓穿了一身燕尾服，陈茉穿一件精致的白色小礼服，衬出她颀长的身材，两人在钢琴前坐下，灯光打在脸上，一对璧人。两人配合得默契自然，音乐如行云流水般从指尖流淌出来，在整个礼堂上空徘徊，两人美好得就像一幅画。林洛洛在台下看得出了神，她忽然记起来，那年在幼儿园，儿童节的时候，沈拓被选中作为舞台剧的男一号，是《灰姑娘》那一出舞台剧，老师拿了林洛洛刚买的水晶凉鞋给班里那个演灰姑娘的小女孩儿穿，最后看到沈拓饰演的王子抱着穿着并不合脚的水晶凉鞋的灰姑娘的时候，林洛洛在台下的观众席里把手拍得生疼。

沈拓跟陈茉的演出获得了一致好评，大家都觉得站在她身旁的陈茉，像她的名字一样，人淡雅如茉莉，却绽放得妖娆，恰到好处。

## 我就在北方做一朵不会开花的小蘑菇吧

沈拓他们高考的那两天，林洛洛一刻不停地折纸星星，每一颗里面都写着，祝你梦想成真。可是，沈拓的梦想是什么呢？她也不知道。她边折边想，如果最后星星的数目是单数，她就去找沈拓，把心底那些自己也搞不清楚的小情愫说给他听，如果不是，就悄悄送给他。

高考成绩公布的那天，学校里一阵骚动，陈茉高得惊人的成绩可以稳妥地拿下北京任何一所令人艳羡的学校，她却去了南方那所据称中国最漂亮的大学，再后来她又听说沈拓也凭借着体育特长生的身份和出色的钢琴天赋被那里顺利录取，消息传来，林洛洛捏着叠好了的满满一罐纸星星喃喃地想，他终于梦想成真了吧。

纸星星一共五百二十一颗，单数，当然不只是凑巧，那是她一颗一颗数着叠的，怕记错数还都细心地记在小本本上。

沈拓和陈茉来学校拿录取通知书的时候，林洛洛站在二楼往下看，沈拓穿着浅色的格子衬衣，陈茉穿着那种纯白色没有一点儿配饰的连衣裙，他们并排着往前走，没有牵手，相互间每一个眼神却都那么默契。林洛洛捏着一摞厚厚的信纸和满满一大罐纸星星，手心里微微沁出汗珠，这么多年膨胀在心底的心事，就像是氢气球一般，可能飞走，再也抓不到了。

沈拓他们在下面拍集体照留念的时候，林洛洛几乎是一口气从二楼跑下去的，那一刻她脑子里一片空白，只知道有什么事，再不做，就永远来不及了。

她踉踉跄跄地跑到沈拓面前，把手里的东西一股脑儿塞给他，几乎是用尽了全部的力气地说道："沈拓哥哥，我是当年住在你家对面的小蘑菇，你还记得我吗？"

沈拓的眼神从有些惊愕到像是偶遇了多年前的老友，惊叫着说，"小蘑菇，哎，好多年不见了，我后来回去找过你，当时你家已经搬走了，那个地方正好要拆迁……"

林洛洛在一旁只知道咧开嘴傻笑，沈拓哥哥终于记起她了，哪怕他之前没有在校园里认出她，哪怕他现在只记得她的外号记不起她的名字，哪怕以后他都要去跟另外一个人分享悲喜……她心尖上冒出的那些小花，一朵一朵的，可好看了。

沈拓跟林洛洛说了好多错开的这些年发生的故事，林洛洛还是像小时候一样话不多，看了一眼在一旁安安静静微笑着看他们叙旧的陈茉，她忽然觉得，没有什么遗憾了。

临走的时候，沈拓照例摸摸她的头，鼓励她说："小蘑菇，好好学习，明年这个时候你就解放了，到时候我们找你玩。"

林洛洛把头点得跟拨浪鼓一样，看着走远的沈拓和陈茉，忽然想到一个词，天造地设。

回到教室以后，她把桌子上那个目标学校上的那所南方学校划去，写上了自己心仪很久的北方那所学校。她忽然明白，自己这种生长在暗处的小蘑菇，就应该待在有些潮湿阴冷的地方，南方阳光丰沛，那里应该是一片花海。

而且，她从小生长在北方。很多人爱南方，但她就是爱北方，爱这里的四季分明，就像喜怒哀乐般有清晰的界限，这是生她养她的地方，她想在这里扎根，在这里枝繁叶茂地生长下去。

更重要的是，她从未对人说起过，六岁那年，曾有一个男孩儿，在雪地里为她堆了一个雪人，高高大大的雪人，擎着一把伞，下面是一朵小蘑菇。那个冬天，真是她这辈子见过的最美的冬天。

于她，沈拓哥哥一直都像一束耀眼的阳光，不论是湿答答的过去，还是现在，或者更远的未来，只要一想起来，她铆足了劲儿在他身后拼命赶路的日子，就觉得很幸福。她在白色的纸上写下：沈拓哥哥，祝你梦想成真。从今天开始，小蘑菇也要去做该做的事情了。

# 若我说爱

林　文

## 1

从梦中醒来的那一刻，我下意识地握了握自己的手，双手交握，同样的温度让我觉不出一丝惊喜。

恍然间，想起多年前那个夏天，那个女孩儿曾经握着我的手，轻声对我说再见。她纤细的手掌躺在我宽大的掌中，指若葱根，骨节分明。

安然对我说的第一句话是再见，对我说的最后一句话也是再见。

可是我们自分开后，再也没能相见。

## 2

我总以为，在每个男生的生命中，都会出现那么一个女孩儿，也许她没有出众的外貌，没有傲人的身材，但在你心里，她却是你想要永远守护的天使。

每个男生，都会有自己想要守护的那个女孩儿。

我的天使在我十六岁的那一年出现，彼时，我是个高二的学生。

她叫齐安然，是在高一结束的那个夏天转来我们班，成了坐在我前面的女生。

安然不是传统上的美女，她身量不高，是那种小鸟依人型的女生。五官还算清秀，整个人胜在了气质。她的人和她的名字一样，安静恬然，带给人一种如沐春风的感觉，正是我喜欢的那一型。

安然刚转到我们班，就引起了男生们小范围的轰动。彼时，《我的野蛮女友》让许多女生争相效仿，纷纷变身为超级女汉子。一个个粗暴蛮横，不讲道理，让男生们扛不住。安然这种清纯佳人的出现无异于一阵春风直接吹进我们的心里，让我们这些青春期躁动的少年个个暗喜不已。

很快，便有人下手向安然表白。是一个叫郭子扬的体育生，此人生得人高马大，又是能跑能跳的体育健儿，向来是我们这些瘦弱的男生们崇拜和嫉妒的对象。郭子扬又长得人五人六的，曾经迷倒过不少花痴小妹。他第一个朝安然下手，着实在大家意料之中。

郭子扬事前做了充足的准备，他先收买了安然身边的几个女生，让她们不时地在安然面前说些好话，先奠定在安然心中好男人的印象。其次，他使出撒手锏，找了几个哥们儿，玩了一招“英雄救美”的把戏。招数虽烂，但是对付这种没心机的高中小女生绰绰有余，老郭就是靠这招搞定了他的前女友和前前女友的。

不过，出乎意料的，这一次，郭子扬失了手，安然竟然根本不为其所动。据可靠消息称，安然当时面对帅气出场、只身奋战“歹徒”的郭子扬，竟然只是面无表情地说了一声谢谢，随即转身离去，徒留老郭在原地兀自悲伤。

安然此举不但挫伤了老郭的心，也挫败了我们一众平民男生的斗志。素来有“少女杀手”的郭大侠都铩羽而归，那我们这些小虾米们就更没有什么希望了。我和其他男生一样，把写好未署名的情书偷偷地扔进了垃圾桶，对安然绝了念想。

虽然没了贼心，但是我依然情不自禁地去关注安然。上课时总是忍不住偷偷去瞄她，光是盯着她的后脑勺就能呆愣半节课，老师怎么喊都不带答应的，为此我闹了不少笑话。

即便是前后桌的距离，我却也没能和安然说上一句话。一来不敢，二来也是没话说。她平时都是和女生玩在一起，成天一起结伴上课，去卫生间。我下课就和哥们儿打闹，一起斗地主下象棋。

安然是个爱学习的人，和大多数女生一样，成绩好得离谱，学习特别用功，上课从来不乱说话，也没见她走过神。一直都是直着脖子认真听讲，偶尔低头在笔记上写上几笔。

我一直很享受这样的日子，虽然不能和安然交往，但是就这样隔着很短的距离，可以每天看到她，知道她所做的一切，似乎也是一种幸福。我心中对她，不乏遐想，在盯着她后脑勺的日子，我的脑中无数次地上演着令人脸红心跳的画面。

我不知道这会不会亵渎了她。可是，在这种暗恋的日子里，所有的这些小心思成了我唯一的幸福来源。

直到某一天，这样的幸福被安然的一句话打破。

## 3

我是个走读生，每天放学都要回家。安然虽然是住校生，但是她家就在学校附近，她住在学校是为了方便学习。所以，每个周五晚上，她都会回家住。

起初我们并不知道这件事，因为安然每个周六还会到学校自习。所以，我们都以为她周五也是住在学校的。

在那个周五的晚上，晚自修结束后，我骑车回家，很是惊讶，在路上看见了安然。

她一个人，拎着包，路灯下的影子被拉得很长。

我放缓了车速，最后索性不骑车推着走，跟在安然的后面。不远不近，保持五十米的距离，慢慢地推车跟着。

其间，安然回头看了几次。第一次回头的时候，我吓了一跳。刚想跳上车骑着逃走，她却什么都没说又转过身了。于是，我大着胆子继续跟着，发现她家竟然和我家顺路。

安然不紧不慢地走着，我也不紧不慢地跟着。我们俩谁也没说话，只是这样一前一后地走着。我有几次在安然转头的时候想和她打招呼，可是终究是不敢，硬生生地憋了下来。

过了一个路口，安然忽然停住了，转身回头来看我。我脸倏地红了，硬着头皮快走几步上前，走到她面前停下。

刚想开口解释，安然忽然轻声道："再见！"

我一愣，刚想说什么，安然却已经拐了个弯，进了前面的一个小区。

我怔怔地看着她离去，心里十分费解，不明白她那句再见是什么意思。只是单纯在道别还是别的什么。想了半天，想不明白，我跨上单车，使劲一蹬，朝家里骑去。

自那晚之后，安然好似变了一个人一般，竟然一改往日对我无视的样子，变得热情起来。时不时地会和我聊天，或者是热心地给我讲解数学题。一连串的热络行为让我心中一暖，心底埋藏的小心思慢慢膨胀起来。

男生自是羡慕我飞来的“艳福”，一群哥们儿逼着我非要我说诀窍，他们甚至怀疑我给安然吃了迷魂药，才会让她对我这么好。郭子扬闻讯，甚至“千里迢迢”地从田径场跑到我们教室，生拉硬拽地把我拖出来，非要我老实交代自己的泡妞秘诀。

对于这一切，我很无奈，我哪里有什么泡妞秘诀？安然会突然对我好，我也不知道是怎么回事。他们都觉得我是在敷衍，一个个都骂我小气。打牌下棋竟然都不叫我了。

我对这种情况很苦恼，安然却是乐见。她说我身边没有这些狐朋狗友了，连空气都洁净了许多。我听了这话，竟然如同鬼迷心窍一般，觉得好像没了朋友也不错。

自此，安然周五都会和我一起回家。她会在学校门口等我取车，然后让我载着她，送她回家。一开始，安然是不愿意被我载的，她说那样好像我们在谈恋爱一样。可是时间久了，她竟然也不是那么在意了，反正走路又慢又累，还不如坐在单车上来得舒服。

我们的距离渐渐拉近，我的小心思也愈发掩盖不住。其实这并不怪我，而是眼前的诱惑实在太大了。

我对此有些羞愧，安然却全然不觉。她将我当成哥哥一般，总以为我对她只是在呵护一个小妹妹。当然，我的确说过把她当妹妹疼。但是，安然的单纯全然没有觉察男女之间的兄妹之情意味着什么。她甚至在私底下叫我二哥，她已经有一个亲哥哥了，所以我成了二哥。

每次听安然叫我二哥，我都有一种狂躁感：好想告诉她，我不是她的二哥，我也不想做她的二哥。可是我不敢，我怕这样，我们连朋友都做不成。

## 4

陈文煜就是在这时出现的。

高中时期，在女生眼中，衡量一个男生优秀与否，就是这个男生学习成绩是否优秀。成绩好的男生总是能得到女生的青睐，像我们这种成绩一般的除非是像郭子扬那样长得高大帅气，否则女生们连理都不理，平时都是拿鼻孔跟我们说话。

陈文煜符合大多数女生的标准。学习好，长得帅。最重要的是，性格温柔。我不止一次从女生们的口中说陈文煜是王子的话，我就纳闷了，那小子不过是长得白净了些，成绩靠前了些，除此之外，他哪里像王子了。长得好看有什么用，一副娘娘腔的样子，男生最反感这样的人了。所以，陈文煜可以说是全体男生的公敌。

他和郭子扬都是帅哥，相比之下，老郭可招人喜欢得多。

所以，当陈文煜当着我的面递给安然一封情书的时候，我眼中的怒火简直可以熔化一切。我看着那小子一脸恶心模样在安然面前扮演情圣，口中不自觉地发出切的声音。陈文煜没理我，把信给了安然后，迅速消失。

我立刻打起十二分的精神看安然拆信，直着脖子想要看信上写些什么。安然突然回头，眼睛眨巴眨巴地看着我。

“这都什么年代了，还有人玩写情书这套，真够土的。”我装作不屑地嘲笑陈文煜，心虚地转过头假装不会看的样子。

安然歪着头，似乎很不认同我的话，“写情书是土，但是你嘲笑别人也不见得比别人好到哪去。”

她气哼哼地转过身去，我探头一看，还在拆那封信。我眯着眼睛，屏住呼吸偷看。信纸是恶心的粉蓝色，花里胡哨的图案是女生最喜欢的。想不到，陈文煜这小子倒是挺了解女生的心思。

信的开头照例是一段废话，无非是什么一见钟情，爱你至深之类的。这我也会写，一点儿新意都没有。

接着看下去，陈文煜在信中不停地大放厥词，吐露相思之情。废话连篇，安然还看得津津有味。结尾处，陈文煜要宝一般，秀了一段英文：You are my angel，you are my love！（你是我的天使，你是我的爱！）

我牙都被酸倒了，真是佩服这小子，这么肉麻的话也能说。再看看安然，似乎有点脸红了。把信揣进桌洞，伏在桌上傻笑。

我心里一惊，暗道不妙。陈文煜这小子先下手为强，安然可能动心了。我曾经向安然的好朋友打听过，知道她喜欢这种斯文秀气的男生。而陈文煜在女生眼中，无疑就是斯文秀气的代名词。

接下来的几天，我旁敲侧击地打探安然对陈文煜的看法。每次都被她敷衍的态度弄得心里拔凉，陈文煜也总是不识时务地在安然面前晃悠。借一本书，送一瓶饮料，这些偶像剧用烂的手段被他用得得心应手，在安然身上更是效果显著。

终于，在某一天，我看见他们两个牵着手从校园走过。

那一刻，我的愤怒之情溢于言表。我将手里的可乐捏成一团，饮料溅了我一身。同行的哥们儿见我这模样，还以为我生病了，非拉着我去医务室。

当天下午下课后，我径直去了郭子扬他们班，托他找几个学体育的健壮的哥们儿。我想狠狠地教训陈文煜一顿，让他不敢再靠近安然。

谁知，老郭听了我的来意，却断然拒绝了，言道，学校严禁打架斗殴。还告诉我，体育生打架是要被开除学籍的。

碰了一鼻子灰，我垂头丧气地回了教室。安然正坐在自己的座位上，手中摆弄着一个像是手机挂件似的娃娃，我走上前才看见，娃娃的背后竟然印着“陈文煜”三个大字。

当时，气不打一处来，上午的那一幕跃入眼帘，加上被老郭拒绝的怒气一齐涌上心头。我一把抢过安然手中的娃娃，夺门而出，跑到走廊尽头的垃圾通道前，将娃娃扔了进去。

扔完娃娃之后，我陡升一种异样的快感，仿佛是扔掉了陈文煜这个插足者一般。安然随后赶到，她一脸惊讶地看着我，不明白我为何会这样做。

“我的娃娃呢？”安然张口就问我要娃娃。

我指了指垃圾口：“扔了。”

果不其然，安然的脸色一下子沉了下来，她生气地说：“扔了？谁准你扔的？你凭什么扔我的娃娃？”

我不说话，站在一边任由安然责骂。安然没有多说什么，她只是静静地看了我许久，上课铃响，她默默回了教室。

我没有回教室，就站在原地，身边是飘着恶臭的垃圾口。我却恍如没事一般，在这臭味中足足站了一个多小时。

那个周五，我推着车子在校门口等着安然。远远地，我看见安然走过来，在我跟前停下，我拍了拍后车座，

“上车吧！”

安然摇了摇头，抬眼看我：“不用了，文煜在前面等我。”

我扭头，看见远处同样推着单车的陈文煜，他正朝这边招手。安然挥了一下手，转头对我说：“以后你不用再等我了，文煜说，他以后会送我回家。”

说完，她转身走了。

我呆呆地看着安然的背影，内心忽然升起一阵伤感，忽然很想哭。我自嘲，又不是失恋，又没有被甩。我和安然根本没有开始，这样的结束也在情理之中。她本来就不该在我的世界里出现，只是无心闯入，带给我片刻的幸福。这样已经足够！

## 5

很快，我们分班，我学理，她学文，和陈文煜分在了同一班。我们的交集越来越少，到最后，连在路上碰面都只是彼此点头而已。

我想和她说说话，可是她总是不待我开口就已经走开。我偶然会在周五她回家的时候，偷偷地跟在他们后边，远远地送安然回家。但是到了高三后，安然周末也住校，我便再没机会这样做了。

高考结束，班长组织聚会。在KTV的包厢里，我又一次看见了她。站在一群女生中央，一脸笑意地看着我。我环视一周，来的都是本班的同学，陈文煜没有跟来。

大家的情绪都很高涨，班长拿着话筒一个劲儿地往安然那边送，嚷嚷着非要她唱一个。

安然红着脸推脱，班长不依不饶。我沉不住气，站起来，拿过班长手中的话筒，对他说，要不我来唱吧。

安然猛地抬头看我，目光虽是不解却满怀感激。这么多同学，只有我知道，她五音不全，唱不了歌。

我点了一首安琥的《天使的翅膀》，大家一片唏嘘。我拿着话筒说，把这首歌送给在座的所有人，希望你们都能幸福！大家叫好鼓掌，安然也跟着大家鼓掌。

在大家的一片喝彩声中，我缓缓唱道："落叶随风将要去何方……相信你还在这里，从不曾离去，我的爱像天使守护你。"

聚会散了的时候，我没有走。和几个哥们儿道了别，我守在KTV的大厅里，等着安然。她和一群女生一起出来，双眼通红，肯定是刚才哭过了。

看见我，她一愣，随即反应过来，和身旁的好友打了个招呼，径直朝我走过来。

我们俩在街上走着，在曾经我们一起回家的那条路上，慢悠悠地晃着。

一路上，安然没怎么说话，可能是伤感的情绪还没过吧！我也不知道该说什么。我俩走了一路，大部分时间都是在沉默。

快到安然家了，我们在路口停住了。安然转过身，正面对着我。

半晌，她开口："你唱歌很好听。"

我笑了，没说话。

安然忽然握住我的手，手躺在我的手心，红着眼睛说："你以后也要好好的，我会想你的，二哥。"

久闻的称呼让我心头一颤，情不自禁地握住了安然的手，不住地点头："嗯，嗯！"

安然最终还是走了，她站在不远处朝我挥手："再见。"

我蓦地想起三年前的那个晚上，她也是这么样地和我说再见。脑中一热，我不由得冲着马路对面大喊："那首歌是我唱给你的，你是我永远的天使，是我永远的爱。"

每个男生，在他的生命中，都会出现这么一个女孩儿。虽然她不是最优秀的，不是最美丽的，但在你心中，她却是你最美好的回忆。因为她，点亮了你整个青春。